Volker Friedrich

MELANCHOLIE ALS HALTUNG

Verlag Mathias Gatza Berlin

Originalausgabe
© 1991 Verlag Mathias Gatza
Stephanstraße 17   1000 Berlin 21
Ausstattung   Lisa Neuhalfen
Der Umschlag verwendet eine Photographie von David Brandt.
Gesetzt aus der 9.5p Monotype Old Style von Mega-Satz-Service, Berlin
Gedruckt und gebunden von Wagner, Nördlingen
Printed in Germany. Alle Rechte vorbehalten
ISBN 3 928262 71 8

Inhalt

Für Conny

Über Melancholie zu schreiben ist meine Art von Beschäftigung, um Melancholie zu vermeiden.

ROBERT BURTON

»Habe ich etwas übersehen?« fragte ich etwas eingebildet. »Ich hoffe, mir ist nichts entgangen, was von Wichtigkeit wäre?«

Dr. JOHN H. WATSON

Lieber eitle Dinge treiben als gar nichts.

ROBERT BURTON

Vorwort

Bücher haben ihre Geschichte, so auch dieses. Doch seine Geschichte ist recht kurz, und das macht mir, dem Autor, ein schlechtes Gewissen. Im Frühjahr 1990 verabredete ich mit einem Redakteur des Süddeutschen Rundfunks, eine sechsteilige Sendereihe zum Thema ›Melancholie‹ für den Schulfunk zu schreiben. Als ich ein Jahr später beim Abschluß dieser Arbeit war, kam der Gatza-Verlag auf mich zu und fragte an, ob ich nicht zum Thema ›Melancholie‹ ein Buch verfassen könne, das rechtzeitig zur Austrahlung der Sendereihe auf den Markt kommen solle. Das Angebot war verlockend, meine Eitelkeit gekitzelt, die Zeit drängte, eine Entscheidung mußte schnell gefällt werden – ich entschied mich für das Buch. Und ab dem Moment begann es immer mehr ein Eigenleben zu führen. Bücher können in diesem Sinne wohl mit Kindern verglichen werden. Kinder werden, wenn sie heranwachsen, ihren Eltern fremd, Mutter und Vater müssen sich damit abfinden, daß aus ihren Kindern meist etwas ganz anderes wird, als sie sich das erträumten.

Mein Melancholie-Buch habe ich mir als ein klares, stringentes, homogenes Werk erträumt – es ist wohl an vielen Stellen eher etwas diffus geraten, dreht sich manchmal im Kreis und wirkt heterogen, wie ein Flickwerk. Eine äußerst galante Entschuldigung dafür wäre, zu behaupten, das habe mit der Sache selbst zu tun, über Melancholie könne man eigentlich gar nicht anders schreiben, und gerade deswegen sprächen die Makel meines Buches für seine Qualität. Aber das wäre reine Rabulistik. So bleibe ich lieber bei der Wahrheit und gebe alles zu.

Sollte der Leser trotz aller aufrichtigen Warnungen meinerseits noch geneigt sein, weiterzublättern, so möchte ich ihm ein paar Hinweise geben. Abgesehen davon, daß es in den drei, vier Monaten, die mir zum Verfassen dieses Buches blieben, erst recht unmöglich gewesen wäre, eine systematische oder vollständige Darstellung des Melancholie-Begriffes in all seinen Ausprägungen vorzunehmen, wäre solch ein Unterfangen sicher auch mit mehr Muße nicht zu bewältigen. Gleichwohl hätte es keinen Sinn, meinen Ansatz der »Melancholie als Haltung« einfach in den Raum zu stellen, ohne dem Leser, der ja in den seltensten Fällen ein Melancholie-Forscher sein dürfte, wenigstens eine kleine Einführung in die Begriffsgeschichte zu geben. Denn auch wenn ich versuche, den Blick aus einer etwas anderen Richtung auf die Melancholie zu richten, so korrespondiert mein Ansatz mit der Tradition.

Als Einführung ins Thema dienen die überarbeiteten Manuskripte meiner Rundfunkreihe. Da die einzelnen Sendungen für sich zu stehen hatten – nicht alle Hörer finden die Zeit, jede Sendung einer Reihe anzuhören –, kommt es ab und an zu Wiederholungen in den Kapiteln, insbesondere auf die Wurzeln des Melancholie-Begriffes in der Antike wird mehrfach hingewiesen. Das erschien mir auch im Buch vertretbar zu sein; der Leser bekommt auf diesem Weg letztlich doch einen gewissen Überblick über die wichtigsten Theorien.

In den einführenden Kapiteln (III. Interpretationsweisen der Melancholie) wird jeweils eine bestimmte Interpretation der Melancholie – manchmal kommentiert, manchmal als reine Darstellung – vorgestellt, um dem Leser einen Zugang zu den wichtigsten Melancholie-Auffassungen zu verschaffen, und dies unterhaltsam, mit vielen Beispielen aus der Literatur, die nicht, jedenfalls nicht immer wegen ihrer Bedeutung für die Begriffsgeschichte ausgewählt worden sind, sondern weil sie Stimmungen, Atmosphärisches einfangen. So sind diese Kapitel als eine Art Lesebuch zur Melancholie zu verstehen. Wer mag, kann sich durch die Beispiele zu eigenen Reisen durch die Melancholie-Literatur inspirieren lassen. Sähe sich der eine oder andere Leser dazu ermuntert, so wäre die kurze Geschichte meines Buches, wie ich finde, keine traurige.

Zu danken habe ich für ihre wertvollen Hinweise und Anregungen Prof. Dr. Günther Bien, Reinhard Brauer, Prof. Dr. Rafael Capurro, Ulrich Eberhardt und Prof. Dr. Klaus Kornwachs, für organisatorische Unterstützung Michaela Hammer und Stefanie Heizmann sowie für die freundliche Betreuung dem Gatza-Verlag, und der Lektorin Ania Faas. Ganz besonderer Dank gebührt Mariella Ludovico und Agostino Cisco für ihre »chimborazohaften Freundesgaben«, ohne die dieses Buch um vieles ärmer geworden wäre. Vor allen schulde ich aber meiner Gefährtin für ihre Liebe und ihren Rückhalt Dank. Ohne sie hätten meine Talente zur bitteren Melancholie sicher schon längst Oberwasser bekommen.

I
ÜBER PROBLEME MIT EINEM
BEGRIFF

Die Arbeit am Begriff der Melancholie ist wie das Anziehen einer Schraube ohne Ende. Allein schon das Wort in seinen Beugungen – Melancholie, Melancholiker, melancholisch – sorgt für Verwirrung: Ist die Melancholie eigentlich ein vorübergehender Zustand oder aber eine Charakterisierung von Dauer, so daß einer Melancholiker wäre wie ein anderer zeitlebens – ob er nun trinkt oder ›trocken‹ ist – Alkoholiker? Sind wir schon dadurch Melancholiker, daß wir eine Landschaft als melancholisch erleben oder uns ein Gedicht melancholisch stimmt? Wenn eine Epoche wie das elisabethanische Zeitalter als melancholisches Zeitalter betitelt wird, wenn in einer Zeit die Melancholie herrscht, sind dann alle Zeitgenossen Melancholiker oder melancholisch? Schon nach dieser kleinen Fragerei wird deutlich, daß mit dem Gebrauch des Begriffes ›Melancholie‹ eine gewisse Unschärfe, etwas Diffuses einhergeht. Aber gerade darin deutet sich ein wesentliches Merkmal der Melancholie schlechthin an, das sich in fast all ihren Ausprägungen und Symbolen wiederfindet: Diffusität. Soweit sie es zuläßt, möchte ich ihr in meinem Buch nachspüren und schauen, ob mit dem Begriff der Diffusität dem der Melancholie beizukommen wäre.

Der Begriff ›Melancholie‹ entstammt der antiken Lehre von den vier Körpersäften und den vier Temperamenten. Den Körpersäften Blut, Schleim, gelbe und schwarze Galle wurden die vier Temperamente sanguinisch, phlegmatisch, cholerisch und melancholisch beigeordnet. Der Sanguiniker galt als ein lebenslustiger, sinnenfreudiger Mensch. Wie es der Wortgebrauch auch heute noch zeigt, wurde der Phlegmatiker als ein schwerfälliger, der Choleriker als ein heftiger, leidenschaftlicher Typ angesehen. »Der zur Melancholie Gestimmte (...) gibt allen Dingen, die ihn selbst angehen, eine große Wichtigkeit; findet allerwärts Ursache zu Besorgnissen und richtet seine Aufmerksamkeit zuerst auf die Schwierigkeiten: so wie dagegen der Sanguiniker von der Hoffnung des Gelingens anhebt, daher jener auch tief, so wie dieser nur oberflächlich denkt.«[1] Diesen Worten nach zu urteilen sympathisierte Kant offenbar mit dem melancholischen Temperament; wenn ein Philosoph mit der Melancholie tiefes Denken verbindet, will das schließlich etwas bedeuten.

In der Tradition bildeten sich zwei Hauptstränge in der Interpretation des Begriffes ›Melancholie‹ aus. Ob der vielfältigen Ausprägungen und Umsetzungen dieser Auffassungen ist jede Einteilung ein zu grobes Raster. Doch darf soviel gesagt werden: Der eine Strang der Interpretation faßte die Melancholie als eine Krankheit auf, der andere als eine Gestimmtheit, die – sei sie nun vorübergehend oder dauerhaft – den Betroffenen kennzeichnet. Daneben könnten die Melancholie-Auffassungen nach ihrer Wertung eingeteilt werden: Mal wird Melancholie eher als etwas Negatives, mal eher – wie bei Kant – als etwas Positives, mal als etwas eher Bitteres, mal als etwas eher Süßes angesehen, zur Verzweiflung oder zur Heiterkeit neigend. Eine positive Auffassung möchte ich mit meiner Interpretation der Melancholie entwickeln.

Aber es ist so eine Sache mit den Definitionen der Melancholie. Soll sie erklärt werden, so fallen gemeinhin eine Reihe von Begriffen: Weltschmerz, Schwermut, Trauer, Tristesse, Wehmut, Schwarzgalligkeit, Niedergeschlagenheit, Traurigkeit, Betrübnis, Langeweile, Trübsinn, Gram, Depression, Hypochondrie, Pessimismus, Nihilismus, Defätismus, Schwarzseherei, Verzagtheit, Freudlosigkeit, Bedrückung, Grübelzwang, Manie. Der Melancholiker wird oft sogar als todessehnsüchtig, als Selbstmordkandidat angesehen.

An dieser beileibe nicht vollständigen Aufzählung läßt sich erkennen, wie weit das Spektrum der Melancholie-Definitionen reicht. Es scheint fast so zu sein, als könne man sich das Wort ›Melancholie‹ gerade so zurechtlegen, wie es einem paßt – wenn

---

1 Immanuel Kant: *Anthropologie in pragmatischer Hinsicht* In: *Werkausgabe* Bd. XII. Frankfurt am Main 1964. S.629

auch mit gewissen Einschränkungen. »Welches einende Band hält die Verschiedenheit der Bedeutungen zusammen (...), wenn nicht die Tatsache, daß das Wort in jedem Fall einen ungewöhnlichen Zustand bezeichnet, der – wie immer auch geartet – die Aufmerksamkeit auf sich lenkt?«[2] fragt der Philosoph Raymond Klibansky im Vorwort zu der von ihm und den Kunsthistorikern Erwin Panofsky und Fritz Saxl verfaßten Untersuchung *Saturn und Melancholie*. Dieses Buch ist eine der bedeutendsten Studien des 20. Jahrhunderts über den »ungewöhnlichen Zustand« Melancholie. »Heutzutage haben wir die Wahl zwischen ausgefeilten Interpretationen astrologischer, psychoanalytischer, alchimistischer, soziologischer, theologischer, theosophischer, freimaurerischer, numerologischer, magischer und philosophischer Art.«[3] Diese ebenso beeindrukkende wie ernüchternde Auflistung notiert Klibansky und kommt zu dem Schluß: »Eines jedoch steht fest: in diesem Babel glaubt ein jeder zu verstehen, sei es auch auf seine eigene Weise, was gemeint ist.«[4] Der leise Spott dieser Bemerkung trifft letztlich jeden, der die Melancholie definieren will. Wenn überhaupt, entkommt man diesem Spott, indem man Melancholie erst gar nicht zu bestimmen sucht, sondern indem man beschreibt, wo und wie sie sich zeigt.

Um eine Definition der Melancholie kann es also nicht gehen. Daran sind schon weitaus klügere Köpfe als mein naiver gescheitert. »Wenige Begriffe gibt es in der Geschichte des abendländischen Denkens, deren Vieldeutigkeit der des Wortes ›Melancholie‹ gleichkommt.«[5] Raymond Klibansky nennt ganz gelassen den Grund dafür, daß, wer immer über Melancholie mit einem Vollständigkeitsanspruch schreiben wollte, scheitern muß. Über Melancholie reden heißt, den Untersuchungsgegenstand fortwährend einzukreisen und zu umkreisen. Wollte man ihn dabei präzise erfassen, sieht man sich schnell und stets an

2 Raymond Klibansky, Erwin Panofsky, Fritz Saxl: *Saturn und Melancholie. Studien zur Geschichte der Naturphilosophie und Medizin, der Religion und der Kunst* Frankfurt am Main 1990. S.13
3 Klibansky, Panofsky, Saxl, a.a.O., S.20
4 Klibansky, Panofsky, Saxl, a.a.O., S.13
5 Klibansky, Panofsky, Saxl, a.a.O., S.12

einen Punkt gelangen, der an die Struktur bestimmter Rätsel erinnert: Melancholie – man hat sie und hat sie doch nicht. Ein Blick in Aristoteles' *Nikomachische Ethik* mag hier (und nicht nur hier) Trost spenden:»Die Darlegung wird dann befriedigen, wenn sie jenen Klarheitsgrad erreicht, den der gegebene Stoff gestattet. Der Exaktheitsanspruch darf nämlich nicht bei allen wissenschaftlichen Problemen in gleicher Weise erhoben werden (...). Man muß sich also bescheiden, bei einem solchen Thema und bei solchen Prämissen die Wahrheit nur grob und umrißhaft anzudeuten.«[6] So ist vielleicht ein Essay die angemessene Form für das Schreiben über die Melancholie, bestimmt aber für das melancholische Schreiben. Denn die Stärke des Essays liegt nicht in der Systematik, der Präzision, sondern – sollte er wohlgeraten sein – darin, daß er etwas Erhellendes hat, eine Erkenntnis im Augenblick.

Der in vielen Studien erhobene Vollständigkeitsanspruch ist meiner Überzeugung nach dem Thema dieses Buches gegenüber, aber auch generell nicht mehr gerechtfertigt. In einer Zeit, in der sich wohl nahezu alle bedeutenden Denker darin einig sind, daß das menschliche Wissen immer nur fragmentarisch, modellhaft, bestenfalls eine Wahrheitsannäherung, eine Konstruktion von Theorien ist, machte man sich unglaubwürdig, hielte man an diesem Anspruch in hergebrachter Weise fest. Spöttisch ließe sich behaupten, daß sich eine Arbeit allein schon als unwissenschaftlich erweist, wenn von ihr der Vollständigkeitsanspruch erhoben wird.

Ich möchte zuerst einmal einige Auffassungen der Melancholie vorstellen, die in der Geistesgeschichte immer wieder formuliert wurden. Gemeinhin wird in der Literatur über Melancholie ein anderer Weg gegangen. Sie wird untersucht hinsichtlich ihrer Bedeutung für bestimmte Epochen, für bestimmte Gattungen, für die Malerei oder die Literatur. Ich versuche dagegen, einige der Melancholie-Interpretationen von ihrem Grundansatz, ihrer Struktur her, unabhängig von Epochen, Gattungen und dergleichen, vorzustellen. Mein Vorgehen dabei ist nicht

---

6 Aristoteles: *Nikomachische Ethik* 1094b 13. Stuttgart 1980. S.6 f

systematisch und beansprucht nicht, eine Interpretationsweise in ihrer historischen Entwicklung vollständig nachzuzeichnen. Insoweit hat meine Darstellung den Charakter einer Einführung in die Interpretationen des Melancholie-Begriffes und will vor allem durch viele Beispiele aus der Literatur die verschiedenen Sichtweisen verdeutlichen, nachempfindbar machen. Ein wenig hat mein Unterfangen etwas von dem alten Spruch:»Ich nahm zwei Bücher, setzt' mich in des Tisches Mitte und macht' daraus das dritte.« Doch ganz konnte ich dieser Empfehlung leider nicht Folge leisten, schließlich hat man es bei der Melancholie-Literatur nicht nur mit zwei Büchern zu tun. Fängt man einmal an, sich mit der Melancholie und ihrer Literatur zu beschäftigen, gerät man in einen Kosmos voller Bücher. Wo anfangen, wo aufhören?

Man streunt hin und her in diesem Kosmos, und es geht einem dabei wie Robert Burton, der in seiner *Anatomie der Melancholie* schrieb:»Diesen Hang zur Landstreicherei, wenn auch mit geringem Erfolg, habe ich seit eh und je besessen; wie ein kreuz und quer jagender Wachtelhund, der jeden Vogel anbellt, den er gerade sieht, und dabei von seiner ersten Beute abläßt, bin ich allem hinterhergerannt außer dem, was ich greifen sollte, so daß ich mit Fug und Recht lamentieren könnte *qui ubique est, nusquam est* [überall ist nirgendwo] (...); daß ich nämlich in Ermangelung einer guten Methode viele Bücher ohne viel Erfolg gelesen habe. Es fehlte mir an Kunst, Ordnung, Erinnerungsvermögen und Urteilskraft, und so habe ich mit geringem Gewinn die unterschiedlichsten Autoren in unseren Bibliotheken hin- und hergewälzt.«[7] Aber ich möchte mich nicht mit Burton vergleichen, das wäre anmaßend. Was er über Demokrit schrieb, sollten die Nachfolger des Engländers über ihn mit viel größerer Berechtigung festhalten:»antestat mihi millibus trecentis; parvus sum, nullus sum, altum nec spiro nec spero [er überragt mich meilenweit; ich bin unbedeutend, ein Nichts, ohne Ehrgeiz und Hoffnung auf Höheres].«[8]

7 Robert Burton: *Die Anatomie der Melancholie* Ausgewählt und übertragen von Werner von Koppenfels. Mainz 1988. S.15
8 Burton, a. a. O., S.13

II

SYMBOLE DER MELANCHOLIE

Um die Melancholie-Symbolik in ihrer geschichtlichen Prägung begreifen zu können, muß man sich die Ursprünge des Melancholie-Begriffes und seiner Interpretationen klarmachen. In ›Melancholie‹ steckt der griechische Begriff ›melas‹, was übersetzt ›schwarz‹, ›dunkel‹, ›finster‹ bedeutet. Und so wurde seit alters her schwarz das Farbsymbol für die Melancholie. In ihr steckt aber auch das griechische Wort für Galle, nämlich ›chole‹. ›melas‹ und ›chole‹ ergeben also zusammen ›die schwarze Galle‹. Die Melancholie, die schwarze Galle, ist einer der vier Körpersäfte, die die antiken Mediziner im menschlichen Leib wähnten. Neben der schwarzen Galle nannten sie die gelbe Galle, den Schleim, der griechisch ›phlegma‹ heißt, und das Blut. Die Körpersäfte wurden unter anderem mit den vier Elementen und den vier Jahreszeiten ins Verhältnis gesetzt. Die im zweiten und dritten Jahrhundert nach Christus gängigen Vorstellungen dazu fassen Raymond Klibansky, Erwin Panofsky und Fritz Saxl zusammen: »Die Luft ist warmfeucht, das Feuer warm-trocken, die Erde kalt-trocken, das Wasser kalt-feucht. Jedem dieser vier Elemente ›gleicht‹ (…) einer der Aufbaustoffe des Organismus: das Blut der Luft, die gelbe Galle dem Feuer, die schwarze Galle der Erde, das Phlegma dem Wasser. Jeder dieser vier Säfte hat die Vormacht (…) in einer der vier Jahreszeiten und beherrscht (…) eines der vier Lebensalter: dem Blut gehört der Frühling und die Kindheit, der gelben Galle der Sommer und die Jugend, der schwarzen Galle der Herbst und das reife Mannesalter, dem Phlegma der Winter und das Greisentum.«[9] Die Melancholie, die kalttrockene schwarze Galle, wurde also mit der Erde, dem reifen

9 Klibansky, Panofsky, Saxl, a.a.O., S.114

Mannesalter und dem Herbst zusammengebracht. So und ähnlich wurden ihr über die Jahrhunderte hinweg eine Reihe von Eigenschaften und Auswirkungen auf Körper und Geist, auf Leib und Seele nachgesagt, aus denen sich wiederum Symbole für die Melancholie ableiteten. Diese Symbole wurden in den künstlerischen Darstellungen der Melancholie in den verschiedenen Gattungen wie der Dichtung oder der Malerei immer wieder aufgenommen.

Eine der wirkungsreichsten Verbindungen für ihre Symbole wurde zwischen der Melancholie und dem Saturn geknüpft. Dieser Verbindung gehen Klibansky, Panofsky und Saxl in ihrer detailreichen Studie *Saturn und Melancholie* nach. Darin schreiben sie:»Fast allen Schriftstellern des späteren Mittelalters und der Renaissance galt es als unumstößliche Tatsache, daß die Melancholie, die krankhafte wie die natürliche, in einer besonderen Beziehung zu Saturn stehe und daß dieser ›schuld habe‹ an den unglücklichen Eigenschaften und Schicksalen des Melancholikers. Noch heute bezeichnet das Englische die melancholisch-düstere Veranlagung als ›saturnine‹, und (...) für einen Künstler des 16. Jahrhunderts [war] die Aufgabe, einen Melancholiker darzustellen, gleichbedeutend mit der Aufgabe, das Bild eines Saturnkinds zu schaffen.«[10] Liest man in mittelalterlichen Texten nach, wie zu jener Zeit Saturn charakterisiert wurde, so wird man fast erschlagen von einer Vielzahl von Bestimmungen, die sich sogar zum Teil zu widersprechen scheinen. Diese Widersprüchlichkeiten rühren daher, daß Saturn einmal naturwissenschaftlich als Gestirn, das andere Mal aus der Mythologie heraus als Gottheit betrachtet wurde. Solche Zuordnungen finden sich beispielsweise bei Abû Ma'šur, einem islamischen Astrologen, im 8. und 9. Jahrhundert:

»Was Saturn betrifft, so ist seine Natur kalt, trocken, bitter, schwarz, dunkel, heftig, rauh. Manchmal ist sie auch kalt, feucht, schwer und stinkenden Windes. Er ißt viel und ist aufrichtig in der Freundschaft. Er weist hin auf Werke der Feuchtigkeit, des Ackerbaus und Landbaus und auf Besitzer von

10   Klibansky, Panofsky, Saxl, a. a. O., S.203

20

Landgütern, auf Arbeiten an Ländereien und Bauten an Wassern und Flüssen, auf das Abmessen von Dingen, auf das Teilen von Ländereien, auf Land und viel Vermögen und Landgütern mit ihrem Reichtum, auf Geiz und bittere Armut, auf Wohnsitze, auf Reisen zur See und langen Aufenthalt in der Fremde, auf weite schlimme Reisen, auf Verblendung, Verderbtheit, Haß, List, Verschlagenheit, Betrügerei, Treulosigkeit, Schädlichkeit (oder Schaden), auf ein In-sich-Zurückgezogensein, auf Einsamkeit und Ungeselligkeit, auf Großmannssucht, Machtsucht, Stolz, Hochmut und Prahlsucht, auf solche, die Menschen unterjochen und herrschen, sowie auf jede Tat von Bosheit, Gewalt, Tyrannei und Zorn, auf Kämpfer (?), auf Haft, Gefangenschaft, Pfändung, Fesselung, aufrichtiges Reden, Bedächtigkeit, Besonnenheit, Verstehen, Prüfen, Erwägen ... auf vieles Denken, Sich-Fernhalten von Rede und Zudringlichkeit, auf das Verharren auf einem Wege. Beinahe nie wird er zornig, aber wenn er zornig wird, beherrscht er sich nicht; er gönnt anderen nichts Gutes; er weist sodann hin auf Greise und mürrische Menschen, auf Furcht, Widerwärtigkeiten, Sorgen, Trauerzustände, Schreiben, Verwirrung ... Bedrängnis, hartes Leben, Enge, Verlust, Todesfälle, Erbschaften, Totenklage und Verwaistheit, auf alte Dinge, Großväter, Väter, ältere Brüder, Diener, Stallknechte, Geizige und Leute, deren Aufmerksamkeit die Frauen erfordern (?), auf die mit Schande Bedeckten, Diebe, Totengräber, Leichenräuber, Gerber und auf Leute, die die Dinge zählen, auf Zauberei und Empörer, auf niedrige Leute und Eunuchen, auf langes Nachdenken und wenig Reden, auf Geheimnisse, während keiner weiß, was in ihm ist und er es auch nicht zeigt, wissend von jeder dunklen Angelegenheit. Er zeigt hin auf Selbstvernichtung und Fragen der Langeweile.«[11]

Was sich hier fast wirr anhört, verweist auf eine Vielzahl von Symbolen des Saturns und damit auch auf Symbole der Melancholie. So wurden in der Malerei die Kinder des Saturn beispielsweise als Geizige, Krüppel, Bettler, Bauern oder Landar-

11   Zitiert nach: Klibansky, Panofsky, Saxl, a. a. O., S.207f

beiter abgebildet. Saturn selbst ist auf vielen Darstellungen mit einer Sichel in der Hand – was den Bezug zum Bäuerlichen unterstreicht –, ab und an auch in einer grüblerischen Haltung zu sehen, eine Hand, zur Faust geballt, stützt den Kopf. Sein Haupt ist meist mit einem Tuch halb verhüllt, so daß das Gesicht beschattet ist, was ihm eine düster-traurige Anmutung verleiht.[12] Ähnliches mag in den Zeilen aus dem Gedicht *Dunkles zu sagen* von Ingeborg Bachmann über die Zeit erhalten geblieben sein:

> Verwandelt ward deine Locke
> ins Schattenhaar der Nacht,
> der Finsternis schwarze Flocken
> beschneiten dein Antlitz.[13]

Doch zurück zu den traditionellen Symbolen: Auf Saturn-Bildern findet man öfters eine Schlange, die sich in den eigenen Schwanz beißt. Dies ist ein Symbol, das von der Identifizierung von Saturn und Kronos herrührt. Der Zeus-Vater Kronos wurde nämlich häufig mit der Zeit gleichgesetzt. Strenggenommen handelt es sich dabei um eine Verwechslung. Sie geschah wegen des gleichlautenden Begriffes für ›Zeit‹, nämlich ›chronos‹. Von ›chronos‹, der Zeit, führt die Linie über Kronos, den Gott, zu Saturn. Deshalb wurde ihm die Schlange beigeordnet, denn die Schlange, die sich selbst in den Schwanz beißt, ist ein Symbol für den Fluß und den Kreislauf der Zeit. Anstatt der Schlange erfüllt in manchen Bildern ein Drache dieselbe Funktion.[14] In dem Satz »Die Zeit frißt ihre Kinder« ist jene Verwechslung wiederzufinden: Kronos hat der Mythologie nach seine leiblichen Kinder gefressen, um nicht von einem Erben dereinst in seiner Macht bedroht werden zu können.

---

12   ›saturnine‹ steht im Englischen nicht nur, wie oben erwähnt, für eine melancholische Veranlagung, sondern bedeutet gemeinhin ›düster‹, ›finster‹, und zwar im Sinne von ›finstere Person‹ oder ›düsteres Gesicht‹.
13   Ingeborg Bachmann: *Dunkles zu sagen* In: *Werke* Bd. 1 München 1978, S.32
14   Auch der Drache beißt sich in den eigenen Schwanz.

Da nun aber der Saturn seit alters her als Planet der Melancholie angesehen wurde, kam es zu Parallelen in der Symbolik von Chronos, Kronos, Saturn und Melancholie. In der Malerei wurde die Melancholie selbst meist als Frau, manchmal als alte, häßliche, manchmal als schöne Frau mit langem Haar dargestellt. Den Höhepunkt dieser Melancholie-Darstellungen hat wohl Albrecht Dürer mit seinem Kupferstich *Melencolia I* im Jahre 1514 erreicht. In diesem Meisterwerk gelingt es dem Künstler, zwei Fliegen mit einer Klappe zu schlagen: Er veranschaulicht die Melancholie (und macht sie damit spürbar) und gleichzeitig greift er mit bildnerischen Mitteln die Diskussion der Melancholie in der Geistesgeschichte auf. Klibansky, Panofsky und Saxl interpretieren den Dürer-Stich in ihrem Band *Saturn und Melancholie* ausführlich. Sie kommen zu dem Schluß:»Tatsache ist also, daß Dürer der erste Künstler nördlich der Alpen gewesen ist, der der Darstellung der Melancholie die Dignität des Symbols verlieh, in dem sich zwischen dem abstrakten Begriff und der konkreten Anschauung eine ungemein zwingende Übereinstimmung herstellt.«[15] In Dürers Kupferstich sitzt eine mit einem Flügelpaar versehene Frauengestalt in einer mit Melancholie-Symbolen geradezu vollgestopften Umgebung. Die Frau ist vornübergebeugt, ihr Kopf auf der geballten linken Faust aufgestützt, ihr Gesicht vom Schatten bedeckt und ihr Blick schweifend in die Ferne gerichtet. Der aufgestützte Kopf ist Zeichen des Grüblerischen, Nachdenklichen der Melancholie; der Schatten läßt das Antlitz dunkel, finster, schwarz erscheinen, wie es den»Schwarzgalligen« seit der Antike zugeschrieben wurde; der in die Ferne gerichtete Blick, der gleichsam nach vorne, in die Zukunft schaut, steht auf der einen Seite für die Hoffnung auf Besseres, auf der anderen Seite wird aber nichts scharf erfaßt, dem Melancholiker bleibt nichts Greifbares; das Flügelpaar deutet darauf hin, daß die Melancholie dem Menschen Flügel verleiht, ihn und seinen Geist erheben und zu großen Leistungen beflügeln kann.[16] Dürer hat

15 Klibansky, Panofsky, Saxl, a. a. O., S.434
16 Allerdings ist dieses Motiv gebrochen: Die Flügel der Melancholie sind viel zu klein, als daß sie solch eine große, schwere Gestalt wirklich tragen könnten.

seiner Melancholie-Gestalt typische Saturn-Attribute beige-ordnet: Ein Stundenglas symbolisiert die Zeit, ein Zirkel und andere geometrischen Geräte das Vermessen der Dinge und der Welt, ein Geldbeutel verweist auf Reichtum, ein Schlüsselbund auf Gewalt und Macht.

Doch die Macht der Worte reicht nicht aus, um eine Beschrei-bung des Bildes zu geben, die ihm gerecht werden würde – man muß es gesehen haben. Auch heute noch, denn dieser Stich be-wegt nach wie vor die Gemüter derjenigen, die sich über Melan-cholie Gedanken machen. Der Schriftsteller und Rhetorik-Pro-fessor Walter Jens zum Beispiel. Als Reproduktion im Postkar-tenformat trug er Dürers Kupferstich in den Bombennächten des Zweiten Weltkrieges stets bei sich – als Trost und auch als Hoffnungsspender, trotz, vielleicht aber auch wegen der Schwermut, die das Bild ausstrahlt. Wie folgt äußerte sich Walter Jens in der ZDF-Sendung *Meine Bildgeschichte* über Albrecht Dürers *Melencolia I*: »Ich mag diese Figur deshalb so, weil sie zu gleicher Zeit unsägliche Trauer und große Hoffnung verbirgt. Sie ist gefangen von tiefer Depression, und zu gleicher Zeit verspricht ihr ins Weite gewandter Blick utopisches Aus-spinnen dessen, was jetzt noch nicht möglich ist, aber eines Tages möglich sein könnte. Also die Verbindung von großer Tristesse und unsäglicher Hoffnung. Das zusammen finde ich in diesem immer wieder ausgedeuteten Bild der Bilder, wie man es genannt hat. Ich denke schon, daß es das am meisten inter-pretierte Bild der gesamten Kunstgeschichte ist.«[17]

Bei den Zeichen der Melancholie ist mit der Neuzeit eine Ver-änderung eingetreten. Gegenüber den Symbolwelten der An-tike und des Mittelalters, die die Melancholie personifizierten – sei es als Saturn oder in Frauengestalt – und folglich von recht konkreter Vorstellung waren, wird in den Texten der Neuzeit und der Moderne die Melancholie nurmehr als Stimmung aus-gedrückt. Diese Veränderung könnte auch als eine Befreiung von der Anbindung der Melancholie an den Körper bezeichnet

---

Die Melancholie »bleibt auf dem Teppich«, der Erde verhaftet. Setzte sie zum Höhenflug an, wäre ihr der Absturz gewiß.

17   Walter Jens in der ZDF-Sendung *Meine Bildgeschichte*, Mitschrift.

werden. Mit der Befreiung wurde der Geist bei der Definition der Melancholie zwar entfesselt, doch lastet nun eine größere Bürde auf ihm. Wie soll ein Begriff, um einmal linguistisches Vokabular zu benützen, definiert werden, dem die Extension abhanden gekommen, der zu einem rein intensionalen Begriff geworden ist?[18] Grundsätzlich läßt sich diese Frage hier und wahrscheinlich auch generell nicht klären. Für die Melancholie nach ihrer Abwendung vom körperlichen Bezug wird an dieser Stelle der Versuch unternommen, in einigen der zugeordneten Phänomene Spuren zu entdecken, die ein Verständnis von ihr ermöglichen. Aber gerade in der Tatsache, daß eine Bestimmung der Melancholie wesentlich schwieriger geworden ist, liegt schon ein Hinweis auf ihre Verfaßtheit.

Die neuen Symbole, die ich anführen möchte, sind selbstredend nicht die einzigen Symbole, die in der Moderne für Melancholie stehen, und sie müssen nicht in jedem Zusammenhang für Melancholie stehen. Sie sind auch nicht vollkommen abgekoppelt von der Tradition, sondern haben eine mehr oder minder lose Verbindung zu ihr. Symbole versteht man am leichtesten, wenn man ihre Wirkung verspürt. Literarische Beispiele sollen dabei helfen. In Georg Heyms folgendem Gedicht werden Perle und Träne als Produkt des Schmerzes und des Leidens zum Symbol für die Überwindung des Leids. Die Perle ist der Schmuck der verletzten Muschel, die Träne wird dem Dichter Anlaß, sein Gedicht zu schaffen.

Die Muschel schließt die offnen Silberschalen,
Wenn Kinder grausam sie zerstören wollen,
In sich zurück die zarten Häute rollen,
Tief in sich krümmt das Tier sich vor den Qualen.

18 Mit der Extension eines Begriffes ist – einfach ausgedrückt – der Gegenstand gemeint, dem dieser Begriff zugeordnet werden kann. ›Intension‹ wird die Bedeutung eines Begriffes genannt. Oft lassen sich sowohl Extension als auch Intension eines Begriffes angeben (Beispiel: ›Auto‹ – man kann darauf zeigen, gleichzeitig kann die Bedeutung je nach der Situation, in der ›Auto‹ gesagt wird, ganz unterschiedlich sein). Es gibt aber auch Begriffe, denen kein Gegenstand zuzuordnen möglich ist, auf den gleichsam mit dem Finger gezeigt werden könnte (Beispiel: ›Liebe‹), die also rein intensional sind.

Ich fühl es, wie mein Herz, aufs neu verwundet
Von deiner Hand, sich will der Welt verschließen.
In seiner Kammern muß das Blut sich gießen,
Das kaum von bittrer Liebe war gesundet.

Doch, wie die Muscheln, die Verletzung litten,
Im Schoße formen den verlornen Saft:
Aus Leiden ward der Perlen Glanz erstritten,

So wuchs dies Lied aus einer bittren Stunde.
Aus einer Träne ward dies Lied erschafft.
Und ich vergaß der kaum empfangnen Wunde.[19]

Einige Zeilen aus einem Gedicht von Ida Gräfin von Hahn-Hahn mit ähnlicher Symbolik, wenngleich mit einer unbestreitbaren Nähe zum Kitsch:

Tränen, die ins Meer versinken,
Also spricht der Sage Mund,
Werden einst als Perlen blinken
Auf dem dunklen Wellengrund.
Gram wird einst sich mild verklären
Überm finstern Tal der Zeit,
Und so fließt denn, meine Zähren,
Fließt ins Meer der Ewigkeit![20]

Man sieht: Der Einsatz bestimmter Symbole muß nicht unbedingt etwas über die Wirkung eines Gedichtes aussagen. Wie auch immer, in den beiden angeführten Gedichten von Georg Heym und Ida Gräfin von Hahn-Hahn wird mehrfach auf das Meer verwiesen. In der Neuzeit hat das Meer als Symbol einen

19 Georg Heym: *Die Muschel schließt ihre offenen Silberschalen* In: *Dichtungen und Schriften* Bd.1 Hamburg, München 1964. S.671 f
20 Ludwig Völker (Hg.): *Komm, heilige Melancholie. Eine Anthologie deutscher Melancholie-Gedichte*. Stuttgart 1983. S.143

eigenen Gehalt entwickelt. Der französische Historiker Alain Corbin untersucht in seinem Buch *Meereslust* die Entdeckung der Küste im Abendland zwischen 1750 und 1840. Corbin erinnert in diesem spannenden kulturgeschichtlichen Werk an einen Satz aus dem Jahre 1685, in dem der Schriftsteller Saint-Évremond behauptet, jeder Anblick der Weite sei mit der Schönheit unvereinbar, denn er flöße Grauen ein.[21] Das deutet indirekt auf eine Gruppe von Melancholie-Symbolen und deren Grundstruktur hin. Das Meer wie auch die Weite der Landschaft wurden immer wieder – sei es in der Literatur, der Malerei, der Fotografie oder im Film – hinzugezogen, um melancholische Stimmungen zu erzeugen. Diese Stimmungen müssen ja nicht gleich, wie es Saint-Évremond meint, dem Grauen nahestehen. Aber viele Kunsttheoretiker des 18. Jahrhunderts waren sich darin einig, daß das Schöne sich viel besser in einem lieblichen, grünen Tale zeige als am Meer oder in weiten Landschaften. Alain Corbin schildert diese Theorien in seinem Buch folgendermaßen:»Der gelbe, unfruchtbare, der prallen Sonne und den stürmischen Winden ausgesetzte Strand am Rande des grenzenlosen Ozeans erscheint als Antithese des *lovely green*, das eine ruhige Zuflucht verheißt. Die Geradlinigkeit der weiten Küstenstreifen widerspricht dem Bild des Kreises, des konzentrischen Schemas, das an eine Wiege erinnert. Der Sand bringt keine Ernten hervor, er widersetzt sich der Bildung anmutiger Flußläufe. Am öden Gestade tritt der liebliche Vogelgesang hinter dem heiseren Schrei der Möwe zurück, der die empfindsame Seele erschauern läßt. Der Strand, weder im Garten Eden noch in den Beschreibungen des Goldenen Zeitalters vertreten, widerspricht jeder Harmonie. Gespickt mit unregelmäßigen Riffs und zerklüfteten Felsen, zeugt er wie die grauenhaften Berge vom Einbruch des sintflutlichen Chaos. Einer möglichen Rückkehr des göttlichen Zorns setzt er gähnende Leere entgegen.«[22] Der Strand ist ein Dazwischen, hier ist das

---

21   vgl. Alain Corbin: *Meereslust. Das Abendland und die Entdeckung der Küste* Berlin 1990. S.161
22   Alain Corbin, a. a. O., S.162

Land nicht mehr richtig Land und das Meer noch nicht richtig Meer, das eine beginnt, das andere endet, der Strand ist beides und keins von beiden, ungreifbar, diffus.

Wie das Meer und der Strand als ästhetische Kategorie erst ›entdeckt‹ werden mußten, so war es auch bei der Landschaft und ihrer Weite. In der Einleitung zu der Anthologie *Deutsche Landschaften* fragt Helmut J. Schneider:»Was ist das nun genauer: ›eine Landschaft‹? Der Begriff schillert diffus zwischen Geographie und Ästhetik. Die ästhetische Bedeutung wurde von der bildenden Kunst vorgegeben. Landschaft war eine Gemäldegattung, das Wort wurde seit dem Aufstieg der Landschaftsmalerei im 17. Jahrhundert (erinnert sei an Claude Lorrain und Jakob Ruysdael, die Vorbilder für die mediterranideale und die nördlich-realistische Landschaft) metaphorisch gebraucht: eine Gegend ›wie gemalt‹. Dem entsprach ein ästhetisches Verhalten gegenüber der Natur, das sie als räumlichen Totaleindruck auffaßte und in Vorder-, Mittel und Hintergrund perspektivisch aufbaute und rahmte.«[23] Über das Naturgefühl in der Antike und im Mittelalter könne, so Schneider, wegen des Fehlens nennenswerter Zeugnisse wenig gesagt werden.»Tatsächlich spricht vieles dafür, daß der Ursprung des Landschaftsempfindens mit dem Ursprung der Neuzeit selbst identisch ist; anders gesagt, es ist etwas so ganz Neuartiges wie die Naturwissenschaft, das expansive Wirtschaften oder das Streben nach individueller Freiheit.«[24] Wie viele andere nennt Schneider das Jahr 1327 für den Beginn dieser Entwicklung. Da nämlich bestieg der Dichter Petrarca bei Avignon den Mont Ventoux – einfach so; Petrarca verband keinen Zweck mit diesem Ausflug, er wollte keine Blumen oder Kräuter sammeln, nicht in der Einsamkeit mit Gott Zwiesprache führen, nicht auskundschaften, wo Militärs am besten ihre Truppen stationieren könnten, er wollte einfach nur spazieren und schauen.

23 Helmut J. Schneider: *Erinnerte Natur. Einleitende Bemerkungen zur poetischen Geschichte deutscher Landschaft* In: ders.(Hg.): *Deutsche Landschaften* Frankfurt am Main 1981. S.VII
24 Schneider, a.a.O., S.VIII

Einsam und sorgenschwer auf öder Flur
meß ich die Wüstenei mit meinem Schreiten,
und fluchtbereit laß ich die Augen gleiten,
ob irgendwo im Sand der Menschen Spur.

So find als einz'gen Schirm ich die Natur,
daß es nicht offenbar werd' allen Leuten –
und sie an meinen äußern Zügen deuten,
was ich im Innersten an Leid erfuhr.

Nun, glaub ich, kennen Strom und Flur und Au
und Berg und Tal mein jammervolles Leben,
das sich vor jedem fremden Blick verkrochen.

Doch find ich keinen Ort so wild und rauh,
daß Amor mir nicht sein Geleit gegeben
und er mit mir und ich mit ihm gesprochen.[25]

In seinem wohl bekanntesten Sonett faßt Petrarca Natur und
Landschaft als Spiegel für sein Innerstes auf, sie wirken rück
auf sein Denken und Fühlen. Die Humanisten Marsilio Ficino
und Francesco Petrarca waren es, die in der Renaissance den
Auftakt für die Verknüpfung des Melancholie-Begriffes mit
dem der Genialität machten. Vielleicht ist mein Gedanke weit
hergeholt: Könnte es nicht dabei eine (vielleicht unbewußte)
Verbindung gegeben haben, daß Petrarca die Landschaft entdeckt und der Melancholie eine neue Wendung gegeben hat?
Das Erleben der Weite der Landschaft kann melancholisch
stimmen, der Blick in die Ferne gibt Rätsel auf: Was befindet
sich dort am Horizont, wo ich nichts mehr scharf erkennen
kann? Fern-Weh kommt auf, der Ehrgeiz wird ausgelöst, dem
Diffusen am Horizont auf die Spur zu kommen und alle Rätsel
zu lösen. Doch läuft oder fährt man hin: neue Horizonte, neue
Rätsel. Vielleicht liegt in dem Skizzierten der Grund, warum

25   Francesco Petrarca: *Dichtung und Prosa* Berlin 1968. S.50

viele Reiseberichte von einer eigentümlichen Traurigkeit durchzogen sind und den Leser Melancholie verspüren lassen. Es war in bezug auf die Weite der Landschaft mehrfach vom Grauen oder von Grauenhaftem die Rede. In diesen Wörtern steckt die Farbe Grau. Sie ist als Symbol für die Melancholie in der Neuzeit wichtig geworden; sie tritt zwar nicht gänzlich an die Stelle der alten Melancholie-Symbolfarbe Schwarz, bekommt aber große Bedeutung für die Symbolik. In dem Gedicht *Die graue Zeit* von Hans Arp wird das deutlich, gleichzeitig begegnen einem Symbole der Melancholie, die zuvor schon geschildert wurden.

Die graue Zeit

Ich fühle wie die graue Zeit durch mich zieht.
Sie höhlt mich aus.
Sie bleicht meine Träume.
Sie zieht schon so lange durch mich.
Ich liege am Strand eines ausgeflossenen Meeres
am Rand einer ungeheuren Muschel.
Es zerbröckelt es verwittert um mich
und rinnt in die Tiefe.
Langsam zerfällt der Raum.
Ich liege am Strand eines ausgeflossenen Meeres
am Rand einer ungeheuren Muschel.
Ein Mond glänzt darin.
Ein großes Auge
eine große Perle
eine große Träne glänzt darin.
Ich fühle wie die graue Zeit durch mich zieht.
Sie zieht schon so lange durch mich.
Sie höhlt mich aus.
Sie bleicht meine Träume.
Ich erschauere und bebe.
Ich verwittere.
Wie verlassene fahle Bauten stehen meine Träume
am Strand eines ausgeflossenen Meeres

am Rand einer ungeheuren Muschel.
Die Monde Augen Perlen Tränen zerfallen.
Ich fühle wie die graue Zeit durch mich zieht.
Ich träume schon so lange.
Ich träume mich grau in graue Tiefe.[26]

In seinem Buch *Die Macht der Farben* erläutert Harald Braem,
Professor für Farbpsychologie und Farbtheorie, die Wirkungen
der Farbe Grau:»Grau entzieht sich allem und bleibt schemen-
hafter Schatten, Trug, Gespenst, blutleer und freudlos.«[27] Und
Max Lüscher zählt in seiner *Psychologie der Farben* auf:»Grau
ist weder farbig noch hell, noch dunkel. Es ist vollkommen erre-
gungslos und frei von jeder psychischen Tendenz. Grau ist als
Neutralität keines von beiden, weder Subjekt noch Objekt, weder innen noch außen, weder Spannung noch Lösung. Grau ist
kein belebtes Territorium, sondern Grenze schlechthin; die
Grenze als Niemandsland, die Grenze als Kontur, als Tren-
nungsstrich, als abstrakte Teilung, um Gegensätze zu gliedern,
›grau ist alle Theorie‹ als Abstraktion.«[28] Aus diesen Worten
läßt sich etwas Wichtiges für meine Interpretation der Melancholie schließen: Grau eignet sich ganz besonders als Melancholie-Symbol in der Neuzeit, weil diese Farbe in ihrer Undefinierbarkeit genau der Melancholie entspricht, die nämlich als etwas
Unbestimmtes und Diffuses erlebt wird. Schwarz wird zwar
nach wie vor mit Trauer oder auch mit Tod assoziiert, doch ist es
in seinen Bezügen viel eindeutiger als das Grau. Und gerade das
Diffuse, das das Grau bestimmt, ist im Schwarz so ausgeprägt
nicht zu erleben. *Das graue Lied* von Friedrich Theodor Vischer
nimmt dieses Moment der Melancholie und ihrer Symbolik in
seinen beiden letzten Strophen auf:

Ich weiß es wohl, solch grauer Nachmittag
Ist all mein Wesen, all mein Tun und Treiben.
Nicht Wehmut ist's, nicht Schmerz und auch nicht Lust,
Das Wort spricht's nicht, die Feder kann's nicht schreiben.

26 Zitiert nach: Völker (Hg.), a.a.O., S.246
27 Harald Braem: *Die Macht der Farben* München 1987 (2). S.175
28 Zitiert nach: Braem, ebenda

31

Mir ist, als wär' ich selber Grau in Grau,
Zu viel der Farbe scheint mir selbst das Klagen,
Ob Leben Nichts, ob Leben Etwas ist,
Wie sehr ich sinne, weiß ich nicht zu sagen.[29]

Das Nachsinnen bleibt ergebnislos, es ergibt keinen Sinn, das Dasein wird monoton gefristet, es ist farblos, eben grau. Bislang wurde die Gräue mehr metaphorisch als konkret mit der Melancholie verbunden. Doch auch wenn sie als eine ganz bestimmte Art des Lichtes in Landschaften wahrgenommen wird, ein Licht, das zwischen grau und blau oszilliert, stimmt sie wehmütig. Der Blick in die Ferne an einem verhangenen Tag verliert sich in einer Art Bläue, manchmal in einem Flimmern, jedenfalls in der Diffusität. Ein ähnlicher Eindruck entsteht bei der Betrachtung eines Computerbildschirms aus ein paar Metern Entfernung. Die Stunden vor dem Computer können, bei aller Arbeitsamkeit, die mit ihnen verbunden sein mag, auch etwas Melancholisches vermitteln. Und das Flimmern der Fernsehschirme, das dem nächtlichen Spaziergänger durch ein Wohnviertel aus den Fenstern der guten Stuben entgegenleuchtet, stimmt in seiner Unwirklichkeit seltsam traurig.

An dieser Stelle bietet es sich an, auf ein weiteres Symbol hinzuweisen, das mit der Melancholie verbunden wird und das, wenn man so will, eine Vergegenständlichung der Farbe Grau ist: der Nebel.

Im Nebel

Seltsam, im Nebel zu wandern!
Einsam ist jeder Busch und Stein,
Kein Baum sieht den andern,
Jeder ist allein.

29   Zitiert nach: Völker (Hg.), a. a. O., S. 141

Voll von Freunden war mir die Welt,
Als noch mein Leben licht war;
Nun, da der Nebel fällt,
Ist keiner mehr sichtbar.

Wahrlich, keiner ist weise,
Der nicht das Dunkel kennt,
Das unentrinnbar und leise
Von allen ihn trennt.

Seltsam, im Nebel zu wandern!
Leben ist Einsamsein.
Kein Mensch kennt den andern,
Jeder ist allein.[30]

Wenn der Nebel stark fällt, dann sieht man manchmal nicht mehr die Hand vor Augen, findet sich nicht mehr zurecht, man verliert die Umgebung wie auch die Mitmenschen aus dem Blick; für die Metaphorik verweist das, wie in den vorgestellten Versen von Hermann Hesse, auf die Einsamkeit des Menschen, dem die Welt entgleitet, dem alles fremd wird. Etwas zurückgenommen finden sich diese Motive auch bei Christian Morgenstern. Allerdings wird in seinen Zeilen der Nebel noch mit der Meeressymbolik verknüpft.

Nebel am Wattenmeer

Nebel, stiller Nebel über Meer und Land.
Totenstill die Watten, totenstill der Strand.
Trauer, leise Trauer deckt die Erde zu.
Seele, liebe Seele, schweig und träum auch du.[31]

In einem Satz von Eustache Deschamps verschiebt sich das Verhältnis von Melancholie und Nebel: »So läßt der Nebel der

30 Hermann Hesse: *Die Gedichte* Bd.1. Frankfurt am Main 1979. S.236
31 Christian Morgenstern: *Melancholie, Einkehr und andere Dichtungen* Jubiläumsausgabe in vier Bänden Bd.II. München 1979. S.109

Melancholie mich wahrlich oft in Grübelei verfallen, und weiß doch nicht, warum.«[32] Hier steht der Nebel nicht mehr stellvertretend als Symbol der Melancholie, sondern die Melancholie selbst ist neblig – auch dies hängt wiederum mit der Diffusität zusammen, dem Wesensmerkmal der Melancholie. Es wird deutlich herausgestellt in den folgenden Zeilen von Jacob Haringer:

Schwermut

Ich bin ein Fremdling, einst war ich ein Dichter.
Ich bin der letzte Morgengast der müden Hur.
Ich bin die Wand, die alles hört und nichts sagt.
Ich bin ein Licht, das die Nacht über beim Sterbenden
                                                    brennt.
Ich bin der Schiffer, der aus fernen Landen zurückkehrt,
                                        und sein Weib war nicht treu.
Ich bin der Schnee, über den der letzte Strahl der Sonne
                                                    rost.
Ich bin der alte Blinde, der nicht sterben kann.
Ich bin der müden Näherin Gebetbuch, von trostlosen Trä-
                                                    nen beschmutzt.
Ich bin ein Greis, der ein blutjunges Weib nimmt,
Ich bin die Nacht aller Verzweifelnden, Trostlosen, zum
                                                    Tod Verurteilten.
Ich bin das traurig in der Zelle gepfiffne lustige Lied,
Ich bin ein Kind, das keiner mit Spiel und Lächeln erfreut,
Ich bin ein blindes Lamm, das vergebens nach der Mutter-
                                                    brust greift,
Ich bin der letzte sterbende Unkenruf im Röhricht –
Ich bin ein Fels, der an Veilchen und Moos und Ginster
                                                    denkt,
Ich bin kein Stern der einen Himmel fand –
Nun bin ich nicht mehr was, ich weiß nicht was...[33]

---

32   Zitiert nach: Völker (Hg.), a. a. O., S.320
33   Jacob Haringer: *Die Dichtungen* Potsdam 1925. S.7

Dieser verzweifelte Versuch, sich selbst zu bestimmen, scheitert. Aber woran? An der Unmöglichkeit, das Unbestimmbare zu bestimmen. Die Melancholie selbst wie auch die melancholische Reflexion des Daseins mündet in einer Situation, die durch Unbestimmtheit, durch Diffusität gekennzeichnet ist. Und genau das spiegelt sich in vielen Melancholie-Symbolen: Der Nebel beispielsweise ist eben ungreifbar, ist etwas Diffuses.

Daß die Diffusität als Strukturmerkmal der Melancholie angenommen werden darf, läßt sich an ihren modernen Symbolen nachweisen: Die Betrachtungen zu Nebel, Strand und Weite stützen diese These (wobei ich betonen möchte, daß sie auch in andere Symbolzusammenhänge gestellt werden könnten). Aber läßt sich meine These nicht auch durch die alte Symbolik untermauern? Geht man einmal die Untersuchungen von Klibansky, Panofsky und Saxl über die Saturn-Symbolik dahingehend durch, so wird man häufig auf Ambivalenzen stoßen. Auch hier steht die Melancholie dazwischen, alterniert zwischen den Möglichkeiten. Und gerade das wirft einen auf das melancholische Gefühl zurück, das eintritt, wenn die Dinge unklar werden, wenn etwas nicht schwarz oder weiß ist, wenn wir es nicht recht zu sagen wissen.

Auch wenn der Begriff ›Melancholie‹ heutzutage nicht mehr dieselbe Bedeutung haben mag wie zu früheren Zeiten, so hinterläßt er seine Spuren doch auch in aktueller Literatur. Als Beispiel sei Christoph Ransmayrs Roman *Die Schrecken des Eises und der Finsternis* angeführt, in dem über eine Polarmeerfahrt und eine Nordpolexpedition berichtet wird. In diesem Roman beginnt ein mit *Melancholie* überschriebenes Kapitel mit den Sätzen:»Die Segel sind vom kalten Regen schwer. Manchmal fällt Schnee in nassen, großen Flocken. Unter den tiefziehenden Wolken bleibt der Unterschied zwischen Tag und Nacht aus; der Horizont verschwimmt in Nebelfetzen und einer grauen, endlosen Helligkeit.«[34]

Ransmayr arbeitet mit altbewährten Melancholie-Symbolen: dem Nebel etwa oder der Farbe Grau. Als Strukturelement

34 Christoph Ransmayr: *Die Schrecken des Eises und der Finsternis* Wien 1984. S.70

der Melancholie dient das Moment der Unterschiedslosigkeit von Tag und Nacht – auch hierin ist der Bezug zur Diffusität festzustellen.

Nun habe ich neben den wenigen Hinweisen auf die bildende Kunst die Melancholie-Symbolik hauptsächlich anhand literarischer Beispiele erläutert. Wie steht es aber mit den Kunstformen der Moderne, der Fotografie und dem Film? Ist die Melancholie für sie ein Thema? Und greifen sie auf Melancholie-Symbole zurück?

Auf einer übergeordneten Ebene betrachtet, teilen sich Film und Fotografie ihr Kernthema, durch das sie sich aber auch unterscheiden: die Zeit. Fotografie und Film machen auf ganz eigene Art und Weise Zeit erlebbar. Das Foto erscheint uns im Grunde genommen absurder als der Film. Es ist als ›gefrorene Zeit‹ unwirklicher als der Film, der einen Zeitablauf vortäuscht, auch wenn der Film aus schnell ablaufenden Einzelbildern besteht und beileibe nicht Zeitabläufe präsentiert, wie wir sie in unserem Alltag erleben. Beide täuschen vor, der Film jedoch um eine Spur glaubwürdiger. Eben im Umgang mit der Zeit läßt sich aber die Melancholie der beiden Gattungen aufspüren. In ihrem Essay *Objekte der Melancholie* hält Susan Sontag fest,»daß das am schmerzlichsten bewegende, irrationalste, geheimnisvollste und der Assimilationsfähigkeit am weitesten entzogene Phänomen – die Zeit selbst ist«[35]. Laut Susan Sontag hat der Umgang mit der Zeit und der Vergangenheit in der Fotografie etwas Surrealistisches. Sie führt aus:»Der surrealistischen Aneignung der Geschichte haftet sowohl etwas unterschwellig Melancholisches als auch eine vordergründige Unersättlichkeit und Impertinenz an. Bereits im frühen Entwicklungsstadium der Fotografie, Ende der dreißiger Jahre des vorigen Jahrhunderts, wies William H. Fox Talbot darauf hin, daß sich die Kamera besonders gut dafür eigne, ›die von der Zeit geschlagenen Wunden‹ aufzuzeichnen. Fox Talbot bezog sich dabei auf das Schicksal von Gebäuden und historischen Denkmälern. Heute interessiert uns weniger der Verfall von

35 Susan Sontag: *Objekte der Melancholie* In: *Über Fotografie* Frankfurt am Main 1980. S.56

Mauern als der körperliche Verfall. Anhand von Fotografien sehen wir uns auf höchst intime und qualvolle Weise mit der Realität des menschlichen Alterns konfrontiert. Betrachtet man eine alte Aufnahme von sich selbst oder von Menschen, die man persönlich kennt, oder von vielfotografierten Prominenten, so ist die erste Reaktion: Wieviel jünger war ich (sie, er) damals! Fotografieren heißt die Sterblichkeit inventarisieren. Ein Fingerdruck genügte, um dem Augenblick gleichsam eine posthume Ironie zu verleihen. Fotos zeigen Menschen so unwiderruflich *gegenwärtig* und zu einem bestimmten Zeitpunkt ihres Lebens; sie stellen Personen und Dinge nebeneinander, die einen Augenblick später bereits wieder getrennt waren, sich verändert hatten und ihr eigenes Schicksal weiterlebten.«[36] Wenn aber die Fotografie»die Sterblichkeit inventarisiert«, so steht ihr Bezug zur Melancholie außer Frage, da Melancholie – wie später noch gezeigt wird – auch eine Gestimmtheit ist, die bei der Vergegenwärtigung des»Seins zum Tode«, wie Heidegger es nannte, entsteht.

Die Fotografie nimmt die angeführten Symbole der Melancholie auf, erzeugt melancholische Stimmungen aber auch mittels anderer Zeichen, die eine eigene Untersuchung wert wären. Daß fast jeder Fotograf melancholische Einzelbilder vorzeigen kann, ist anzunehmen. Aber es gibt auch Fotografen, die über weite Strecken ihres Gesamtwerkes von Melancholie bestimmte Bilder herstellen. Mir fallen als gute Beispiele Josef Sudek und Robert Frank ein. Der Prager Sudek darf vielleicht als ein ›Meister der melancholischen Lichtführung‹ bezeichnet werden. Obgleich er vom Realismus kommt, ist in seinen Bildern etwas eigenwillig Diffuses. Der in der Schweiz geborene Robert Frank hat in seinem Band über die Amerikaner[37] ein von städtischer Wehmut getragenes Lebensgefühl eingefangen; nicht zufällig hat Jack Kerouac, in dessen Romanen dem Leser der amerikanische ›way of life‹ einer bestimmten Generation entgegentritt, das Vorwort zu Franks Buch geschrieben. Für Susan Sontag ist bei der»Hauptrichtung der amerikanischen

36 Sontag, a.a.O., S.71 f
37 Robert Frank: *Die Amerikaner* München 1986

Fotografie (...) Traurigkeit die vorherrschende Empfindung.
Hinter der zum Ritual gewordenen Behauptung der Fotografen, sie gingen aufs Geratewohl, ohne vorher eine Vorstellung zu haben, auf die Suche – um Motive zu ergattern und ungerührt aufzuzeichnen –, steht eine traurige Vision des Verlustes. Um ihre Aussage über diesen Verlust wirksam zu machen, muß die Fotografie die bereits vertraute Ikonographie des Lebensmysteriums, der Sterblichkeit und der Vergänglichkeit ständig erweitern. (...) Neben der romantischen (ob extrem oder nicht) Verklärung der Vergangenheit hat die amerikanische Fotografie aber auch eine Romantisierung der unmittelbaren Gegenwart zu bieten. In Amerika ist der Fotograf nicht einfach jemand, der die Vergangenheit aufnimmt, sondern derjenige, der sie erfindet. ›Der Fotograf‹, schreibt Berenice Abbott, ›ist das zeitgenössische Wesen *par excellence*; aus seiner Sicht wird das Heute zum Gestern.‹«[38]

Das Thema ›Melancholie‹ ist für den Film wahrscheinlich so alt wie der Film selbst.[39] In den Stummfilmklassikern ist Melancholie ständig gegenwärtig, und zwar in der Hauptsache in der Form der heiteren Melancholie. Zu nennen wären etwa Buster Keaton und, auf eine andere Art, aber mit nachhaltiger Wirkung auf die Melancholie-Symbolik im 20. Jahrhundert, Charlie Chaplin. Gerade Chaplin, dieser kleine Mann mit Hut und Stock, verkörpert in seinen Filmen den ›kleinen Mann‹ mit seinem oft unglücklichen Leben, mit seinen Sorgen und Mühen, den Alltag zu bewältigen, was ihm immer nur über den unfreiwilligen, unbewußt gegangenen Umweg des komischen Versagens gelingt – Chaplin selbst ist zu einem Symbol der Melancholie geworden. Warum? Nun, er vermittelt dem Betrachter allein schon mit den Geschichten, die er erzählt, eine melancholische Stimmung. Die Absurdität des Alltags setzt diesem kleinen Kerl reichlich zu; seine Liebesgeschichten sind voller romantischer Zartheit, immer bedroht durch Bosheit und Finsternis; stets ist dieser David im Kampf gegen die Goliaths der

38 Sontag, a.a.O., S.69
39 Es wäre einmal interessant, eine Filmgeschichte zu lesen, die sich entlang des Melancholie-Motivs entwickelte.

modernen Welt allein, Einsamkeit, Aussichtslosigkeit und Hoffnungslosigkeit bestimmen die Welt, die ihn umgibt; das einzige, was sich diesen Fährnissen entgegenstellen kann, ist das Lachen, der Witz, die Ironie – aber dieses Lachen hat nichts Joviales, nichts vom schenkelklopfenden Gegröhle der Stammtische an sich. Das Lachen, das in Chaplins Filmen siegt, ist ein verhaltenes, sanftes Lachen, das seinen Sitz in den Augenwinkeln hat und nicht im Bauch. Unzweifelhaft ist Chaplin als Melancholie-Symbol mit der Zirkusfigur des traurigen Clowns verwandt.

Und solche Figuren sind es, die als Wegmarken am Pfad der Melancholie durch die Filmgeschichte zu finden sind. Im deutschen Film hat – selten nur, doch dann überzeugend – Heinz Rühmann solche Figuren verkörpert. Im modernen amerikanischen Film muß Woody Allen an erster Stelle genannt werden, der eine intellektuelle Variante des Melancholikers darstellt. Allen trägt Elemente ›jüdischer Traurigkeit‹, die mit eigenwilligem Witz einhergeht, in seine Melancholiker-Figuren hinein. In *Manhattan* wird am deutlichsten, welche Symbolik Woody Allens Melancholie begleitet: Es ist die Stadt selbst, die zu einer Landschaft wird, einer Landschaft, die wiederum durch Weite und durch Diffusität gekennzeichnet ist. Woody Allens Filme bleiben somit, wenn auch auf einer weniger direkten Ebene, im Rahmen der modernen Melancholie-Symbolik.

Sie schlägt sich aber in vielen Filmen ganz direkt nieder. Der Nebel fungiert als Symbol für die Melancholie zum Beispiel in Michelangelo Antonionis *Die rote Wüste*, einem Film über die Melancholie als Krankheit im besonderen, aber auch über den Weltschmerz und die Schwermut der Liebe im allgemeinen. Der Film spielt in einer tristen Industrielandschaft Norditaliens. Die Hauptfigur, eine junge Frau namens Giuliana (dargestellt von Monica Vitti), leidet seit einem Autounfall unter Depressionen. Ihr Mann Ugo sorgt sich um sie, aber zwischen ihm und Giuliana steht eine Wand, die die Frau nicht nur von ihm, sondern von der gesamten Außenwelt trennt – ein dichter, undurchdringlicher Nebel scheint Giuliana zu umgeben. In einer Schlüsselszene wird dies besonders deutlich. Das Paar hat

Abend und Nacht gemeinsam mit Freunden in einer Baracke am Meer verbracht. Giuliana blickt aus dem Fenster aufs Meer. Das Drehbuch schreibt vor: »Wie eine riesige Gespenstererscheinung taucht aus dem Nebel eine dunkle Masse auf und kommt näher. Sie scheint sich direkt auf die Baracke zuzubewegen. Giuliana tritt instinktiv vom Fenster zurück, während die anderen kommen, um hinauszuschauen. Eine Sirene bricht die Stille: drei rauhe, schaurige Töne. Es ist ein schwarzes, altes Schiff. Ein paar Augenblicke spricht niemand in der Baracke. Das Schiff bleibt stehen.«[40] Das schwarze Schiff bringt (von der Symbolik her betrachtet) den Tod mit; an Bord hat jemand, wie durch die Beflaggung signalisiert wird, eine Infektionskrankheit. Dies macht Giuliana Angst, sie flieht, gefolgt von den anderen, aus der Hütte, verliert dabei ihre Handtasche. Als ihr Mann und sein Freund Corrado sich anbieten, zur Baracke zurückzugehen, um die Tasche zu holen, hält sie beide davon ab.

»Alle blicken sie schweigend an. Und sie findet sich allein inmitten eines Halbkreises, vor überraschten und fragenden Blicken. Nur Corrado steht in ihrer Nähe. Giuliana blickt auf die vier, die vor ihr stehen. Hinter ihnen ist die Landschaft fast völlig vom Nebel verwischt, den der Wind vorantreibt. Und nach und nach beginnen auch die Menschen die Konturen zu verlieren, ausgewischt zu werden, und mit ihnen verschwindet das bißchen Farbe, das geblieben war.«[41] Giuliana steigt in einen Wagen, aber anstatt in Richtung Land zu fahren, fährt sie auf eine Mole, die ins Meer ragt. Das Ende der Mole ist wegen des Nebels nicht zu erkennen. Doch in letzter Sekunde stoppt Giuliana die Todesfahrt. Sie habe sich geirrt, sagt sie ihrem Mann, dem man die Angst anmerkt, Giulianas Krankheit sei wieder ausgebrochen. Die verzweifelte Frau beteuert indes: »Ich habe es nicht gesehen, ich habe nicht mehr daran gedacht. Ich wollte nach Hause gehen, bloß nach Hause. Der Nebel hat mich durcheinandergebracht.«[42]

40 Michelangelo Antonioni: *Die rote Wüste. Cinemathek II. Ausgewählte Filmtexte* Hamburg 1965. S.40
41 Antonioni, a. a. O., S.48
42 Antonioni, a. a. O., S.49

Das Meer und der Strand sowie der Nebel dienen auch in Federico Fellinis Film *Amarcord* der Erzeugung einer melancholischen Stimmung und Atmosphäre, und zugleich werden sie zu Symbolen der Melancholie selbst. Im Treatment zum Film ist zu lesen:»Mit dem Herbst ist auch der Nebel gekommen. Eines Morgens wachst du auf, und das Städtchen ist nicht mehr da. Das gegenüberliegende Haus ist verschwunden, der Baum, der Leuchtturm, der Bahnhof. Verschwunden ist auch der Kutscher Madonna, samt Pferd und Kutsche. Straßen, Plätze und Gärtchen verschwinden. (...) Auch das Meer ist verschwunden. Du kommst an den Strand, gehst bis zur Uferlinie des Wassers – aber das Meer ist nicht mehr da. Der Nebel verwandelt alles: ein Lastwagen gleicht einem prähistorischen Tier, das langsam seinem Aussterben entgegengeht.«[43] Das Greifbare, Gegenständliche, Vertraute verschwindet in der Undefinierbarkeit, der Diffusität. Und was auf dem Land verschwindet, ist »auf der anderen Seite des Strandes«, dem Meer, ebenso ungreifbar geworden. Schon mit der Wortwahl Fellinis entstehen Bezüge zu den Ausführungen über die Melancholie-Symbole. Auch das Grau als ein diffuses Nichts wird angesprochen.»In diesem Jahr will der Nebel überhaupt nicht weichen. Aus den Fenstern der Schule und aus dem Inneren der Cafés sieht man draußen garnichts. Es ist wie ein dickes, graues Nichts, das nur ab und zu von einem Schatten durchquert wird, der sich tastend vorwärts bewegt und bei dem man nicht erkennen kann, wer es ist.«[44] Daß Fellinis Film von der Melancholie handelt, wird schon im Titel offenkundig. In einem Interview erläutert der Regisseur: »Mein Titel erscheint Ihnen rätselhaft. Es handelt sich nicht um die Marke eines Aperitifs, sondern um einen Ausdruck, der sich im Dialekt der Romagna ›A m'arcord‹ schreibt und ›Ich erinnere mich‹ bedeutet. Wieder ein Film der Erinnerungen (...)«[45] Die Melancholie wird häufig als eine bestimmte Weise, mit Erinnerungen umzugehen, angesehen.[46] Aber es wird noch etwas

43 Federico Fellini: *Amarcord* Zürich 1981. S.40
44 Fellini, a.a.O., S.42
45 Fellini, a.a.O., S.304
46 vgl. Kapitel III.3. Melancholie als Schwermut der Liebe

anderes mit dem Titel angedeutet: ›Amarcord‹ heißt ›bitteres Herz‹, und die Bitterkeit des Herzens ist eine seit langem gebräuchliche Umschreibung für Melancholie. Zeichencharakter bekommt der Nebel auch in Theo Angelopoulos' *Landschaft im Nebel*. Zwei Kinder, die bei ihrer Mutter leben, machen sich von Griechenland nach Deutschland auf, um ihren Vater zu suchen. Ihre märchenhafte Reise, die ein schmerzhafter Prozeß der Läuterung und der Erkenntnis ist, führt sie am Ende in eine Nebellandschaft, in der alles zu versinken droht. Erst als sich der Nebel lichtet und ein Baum am Horizont erscheint, finden die Kinder in der Fremde gleichsam den Baum der Erkenntnis, und es kommt etwas wie Hoffnung auf. Kinder, die traurig sind, wirken oft melancholisch; vielleicht deshalb, weil ihre Trauer unspezifisch, wenig zielgerichtet ist. So hängt ihre Traurigkeit nämlich mit der Diffusität zusammen. Angelopoulos benützt, wissentlich oder nicht sei dahingestellt, auch noch weitere Melancholie-Symbole. Eine Reihe von Strandszenen verstärken die melancholische Stimmung. Mit der Farbgebung des Filmes – vieles ist in unwirklichem Blau, vieles in tristem Grau getönt – wird Wirkung erzeugt.

Ein Film, der ganz direkt die Melancholie zum Thema macht und auf ihre traditionelle Symbolik zurückgreift, ist *Tristana* von Luis Buñuel.[47] Der Titel des Films ist selbstredend schon ein klarer Verweis, aber es ist nur der allererste. Die junge Tristana, gespielt von Cathérine Deneuve, ist eine Verkörperung der Melancholie, so wie sie in vielen Darstellungen der Malerei festgehalten wurde. Die schöne Frau mit dem bleichen Gesicht, auf das häufig Schatten fallen, ist stets schwarz gekleidet, ihr Haupt oft verhüllt. Ihr junger Verehrer, der stumme, bäuerliche Saturnino ist ein eindeutiger Bezug auf die Saturn-Symbolik. Saturnino, ein »Satürnchen«, ein Saturnkind also, ist ein Bauernjunge, ganz wie es der traditionellen Darstellung der Saturnkinder entspricht. Nach einem Unfall wird Tristana ein Bein unterhalb des Knies amputiert – auf vielen Darstellungen

47 Es handelt sich um eine Verfilmung des gleichnamigen Romans von Benito Pérez Galdós (auf deutsch: Benito Pérez Galdós: *Tristana* Frankfurt am Main 1989)

ist Saturn mit einem Beinstumpf abgebildet. Dies sind in aller Kürze nur die wichtigsten Bezugnahmen Buñuels auf die traditionelle Symbolik, eine eingehendere Analyse seines Filmes würde sicherlich noch mehr Gesichtspunkte zutage bringen. Und im Falle eines gebildeten Mannes wie Buñuel darf man sich sicher sein, daß diese Bezüge nicht zufällig sind. Eine Interpretation, die diesem Film gerecht werden wollte, müßte also *Tristana* als Film über die Melancholie betrachten, insbesondere über die spanische Melancholie.[48]

Mir ist kein zweiter Film bekannt, der so direkt auf die traditionellen Melancholie-Symbole rekurriert wie Buñuels *Tristana*. Die modernen Zeichen für Melancholie lassen sich jedoch in vielen weiteren Werken finden, mehr als ich hier nennen könnte. Gleichwohl seien noch zwei kurz erwähnt, in denen ganz unterschiedliche Aspekte der Melancholie thematisiert werden. In Jim Jarmuschs *Stranger than paradise*, der als einer der gelungensten Filme über das Lebensgefühl junger Menschen (und zwar nicht nur junger Amerikaner) der achtziger Jahre gilt, wird die zarte Ironie des Films und die heitere Melancholie seiner Protagonisten in den Räumen der angeführten Symbole inszeniert. Man erinnere sich etwa daran, wie die drei jungen Leute zum Eriesee fahren, doch der See im dichten Nebel nicht zu sehen ist; als sie umkehren, lassen sie eine ›Nebelsuppe‹ voller unerfüllter Wünsche und Träume zurück.

Stalker von Andrej Tarkowskij ist ein Film voller Symbole. Stalker wird hier ein Mann genannt, der sich in der verbotenen Zone auskennt, einem mysteriösen Areal, dessen Betreten die Behörden unter Strafe gestellt haben und aus dem man, wie gesagt wird, nicht mehr herausfinde. Abgesehen von seinen politischen Anspielungen stellt der Film eine Reise an die Grenzen der Erkenntnis dar. Für Stalker und die beiden Männer, die ihn als Führer engagiert haben, ist die Reise in die verbotene Zone eine Konfrontation mit den Abgründen ihrer Seelen. Das Ungreifbare, Unbegreifbare waltet in der Zone, in ihr realisiert sich die Diffusität der Melancholie.

48 Zur spanischen Melancholie vgl. Kapitel III. 5. Melancholie als Stimmung in Ländern und Zeiten

Im Zusammenhang mit Film und Melancholie sei noch darauf hingewiesen, daß der Gang ins Kino im Lichte der Melancholie betrachtet werden kann. Walker Percys Roman *Der Kinogeher* handelt davon. Der Ich-Erzähler, ein passionierter Cineast, definiert das »Kinogeher-Phänomen« als »Bezeugung«: »Heutzutage gilt doch, daß die Umgebung, in der ein Mensch lebt, für ihn nicht mehr bezeugt ist. Mit aller Wahrscheinlichkeit lebt er da in Traurigkeit dahin, während in ihm sich Leere ausbreitet und schließlich die ganze Umgebung aushöhlt. Doch wenn er einen Film sieht, der ihm die eigene Gegend zeigt, vermag er, wenigstens eine Zeitlang, als jemand zu leben, der Hier ist und nicht Irgendwo.«[49] Das Kino wird zum Ort der melancholischen Gewißheit, daß nichts gewiß ist, am wenigsten die Realität außerhalb des schwarzen Saals, durch den diffuse Lichtstrahlen flirren, um sich auf ihrer Zielfläche, der Leinwand, wie durch Zauberhand zu Bildern zusammenzufügen und Geschichten zu erzählen.

---

49 Walker Percy: *Der Kinogeher* Frankfurt am Main 1980. S.67

III
INTERPRETATIONSWEISEN DER
MELANCHOLIE

1. Melancholie als Weltschmerz

»Es kommt mir ein entsetzlicher Gedanke, ich glaube, es gibt Menschen, die unglücklich sind, unheilbar, bloß weil *sie sind*.«[50] Georg Büchner hat mit diesem Gedanken vielleicht den Kern der Melancholie erfaßt: nämlich die Möglichkeit, traurig zu sein, ohne wirklich zu wissen, warum.

Büchner lebte von 1813 bis 1837. Bereits im 18. Jahrhundert entwickelt sich in Deutschland eine umfassende Melancholie-Literatur. Die Lyriker ergingen sich in Weltschmerz-Gedichten.

(...)

Muß jedes Glück des Menschen, das ihn kaum
Belächelt hat, mit schnellem Fluge fliehen?
Ach, bleibt die Freude nur ein schöner Traum,
Ein hohles Luftbild leerer Phantasieen?
Springt aus der Schicksalsurne finsterm Schoß
Dem Erdensohne kein beständig Los?

Wie, oder gossest Du Dein Leidenshorn
Auf mich allein? Bin ich zum Gram geboren? (...)[51]

Woher rührte das düstere Bild des menschlichen Daseins, das in diesen Zeilen des Gedichtes *An die Schwermut* von Christian

---

50 Georg Büchner: *Leonce und Lena* 2. Akt, 3. Szene. In: *Werke und Briefe* München 1988. S.179
51 Zitiert nach: Völker (Hg.), a.a.O., S.137

Ludwig Neuffer wie in vielen anderen Gedichten jener Zeit entworfen wird? Wolf Lepenies bemüht eine soziologische Erklärung: »Erzwungene Hypertrophie der Reflexionssphäre, Ausschluß von der realen Machtausübung und der daraus resultierende Druck zur Rechtfertigung der eigenen Situation erzeugen Weltschmerz, Melancholie, Hypochondrie. Die Begriffe können gar nicht getrennt werden, weil sie in der Zeit als synonym gelten und nicht zuletzt daher jeder seine eigentümliche Färbung gewinnt.«[52] Das Bürgertum im 18. Jahrhundert sei, so Lepenies, von der Teilhabe an Macht und Politik ausgeschlossen und zu einem passiven und privaten Leben verurteilt gewesen. So sei als Ausgleich eine Art Flucht in den Weltschmerz entstanden.

Allein schon diese Formulierung macht deutlich, daß in solch einer Interpretation der Melancholie eine Wertung miteinfließt. Nur wird das bei jeder Interpretation der Melancholie so sein. Ulrich Horstmann, Übersetzer des englischen Klassikers *Die Anatomie der Melancholie* von Robert Burton, weist den Vorwurf der Weltflucht zurück, der über das 18. Jahrhundert hinaus immer wieder an die Melancholie gerichtet wurde: »Die Beeinträchtigung der sozialen Funktionsfähigkeit, der Vitalität und des Unternehmungsgeistes ist denn auch das Kainsmal, das der nicht zum Freizeitkitzel verdünnten schwarzen Galle seit über zwei Jahrtausenden anhaftet, das für ihre Ausgrenzung als Krankheit, Sünde, Unverstand verantwortlich ist. (…) ›Je mehr der Mensch weiß‹, folgert Giacomo Leopardi, ›desto weniger, schwieriger, langsamer und zaghafter entscheidet er sich‹, und die wahre Philosophie gilt ihm deshalb als ›entschieden tatenfeindlich‹. Kein Melancholiker wird das in Abrede stellen.«[53] Für Horstmann ist es geradezu so, daß der Melancholiker aus der Erfahrung, daß menschliches Handeln immer fehlbar und sinnlos ist, gelernt hat und nur den richtigen, konsequenten Schluß aus dieser Erfahrung zieht. Denn für

52 Wolf Lepenies: *Melancholie und Gesellschaft* Frankfurt am Main 1969. S.86
53 Ulrich Horstmann: *Rückzugsgefecht für die Melancholie* In: Joachim S. Hohmann (Hg.): *Melancholie. Ein deutsches Gefühl* Trier 1989. S.108 und nach der Klammer (…) S.110

ihn haben die Sätze aus Robert Burtons *Die Anatomie der Melancholie* Gültigkeit:»Immer schnürt uns mitten im Genuß ein grimmiger Schmerz die Kehle zu. Auf einen Tropfen Honig kommt in dieser Welt leicht ein Becher voll Galle, auf eine Unze Freude ein Pfund Leid, auf einen Zoll Ausgelassenheit eine Elle Gejammer. Wie der Efeu die Eiche, so umranken diese Übel unser Leben, und es ist höchst absurd und lächerlich, wenn die Sterblichen in diesem Dasein eine ununterbrochene Dauer des Glücks erwarten.«[54]

Was bewirkt den Weltschmerz? Zum einen spielt eine große Rolle, daß der Melancholiker offenbar Lebensfreude gar nicht oder nie ungebrochen empfinden kann, jede Freude ist ihm suspekt. Zum anderen rührt der Weltschmerz von dem geschärften Bewußtsein des Melancholikers für die Vergänglichkeit aller Dinge und allen Lebens her. Beide Momente, das gebrochene Verhältnis zur Freude wie das tiefe Empfinden der Vergänglichkeit, hängen miteinander zusammen. Jede Freude ist dem Melancholiker eben schon deshalb suspekt, weil sie vergänglich ist. In einem anonym verfaßten, mit *Melancholicon* überschriebenen Gedicht aus dem Leipziger *Musenalmanach* von 1776 finden sich folgende Zeilen:

Schattigte Laube neige
Deine Blütenzweige
Über mich herab.
O dieses Lebens Freude
Grenzt so nah am Leide,
Schwindet und sinkt ins Grab![55]

Denselben Gedanken hat der spanische Philosoph José Ortega y Gasset so eingefangen:»Wenn wir einer Landschaft, einer Freundschaft, einem Glück zujubeln: es kommt, es kommt, müssen wir die Lippen schon bereiten zu dem wehmütigen: es vergeht, es vergeht.«[56]

54 Robert Burton: *Die Anatomie der Melancholie* Mainz 1988. S.83 f
55 Zitiert nach: Völker (Hg.), a. a. O., S.79
56 José Ortega y Gasset: *Von Madrid nach Asturien oder Zwei Landschaften* In: *Gesammelte Werke* Bd. 1. Stuttgart 1978. S.149

Ein weiteres Moment des Weltschmerzes ist die Vergegenwärtigung der Sinnlosigkeit des Lebens. Der Melancholiker
kann sich vielleicht phasenweise von diesem Gefühl ablenken,
letztlich wird er aber immer wieder in die Gewißheit stürzen,
daß alles, was er tut, begehrt, schätzt und liebt, nichtig ist.

Schwermut

Fraget nicht, was mich so eigen
Oft selbst im Genuß des Schönen
Aufschreckt, was bei frohen Tönen,
    Tanz und Reigen
Mich versenkt in jähes Schweigen.

Wie vor schweren Ungewittern
Bange Ahnung lähmt das Leben,
Fühl ich mit geheimem Beben
    Diesen bittern
Schmerz durch meine Seele zittern.

's ist ein Gram. Er sitzt tief innen
In der Brust, mein Sein verdüsternd,
Ewig seine Klagen flüsternd,
    Kein Beginnen
Treibt den Lästigen von hinnen.

Diesen Gram, den nimmersatten,
Hofft' ich im Rausch des Kusses,
Unter Blüten des Genusses
    Zu bestatten,
Doch er folgt mir wie ein Schatten.

Ob die schönsten Rosenmunde
Freundlich mir entgegenblühen,
Ob die eignen Lippen glühen,
    Tief im Grunde
Meines Herzens klafft die Wunde.

Ja, es reißt mich weg in stummer
Nacht von schön gewölbten Busen;
Selbst der reine Kuß der Musen
    Wiegt den Kummer
Nur minutenlang in Schlummer.

Mag mich aufwärts das Gefieder
Angebornen Wohllauts tragen,
Immer kehrt im leisen Klagen
    Meiner Lieder
Jener Ton der Wehmut wieder.

Laßt den Trost! er ist vergebens;
Denn ich fürchte, was so bange
Mich beschleicht sogar im Drange
    Meines Strebens,
Ist der Schmerz verfehlten Lebens.[57]

Heinrich Leuthold (1827–1879) läßt in diesen Strophen das be-
nannte wesentliche Moment des Weltschmerzes anklingen,
nämlich die Trauer über die Sinnlosigkeit des Lebens. Doch bei
ihm bleibt die Sinnlosigkeit beschränkt auf ein einzelnes Leben.
Der Philosoph Arthur Schopenhauer merkt dazu an: »Einen
sehr edlen Charakter denken wir uns immer mit einem gewissen
Anstrich stiller Trauer, die nichts weniger ist als beständige Ver-
drießlichkeit über die täglichen Widerwärtigkeiten (eine solche
wäre ein unedler Zug und ließe böse Gesinnung fürchten); sondern ein aus der Erkenntnis hervorgegangenes Bewußtsein der
Nichtigkeit aller Güter und des Leidens alles Lebens, nicht nur
des eigenen allein.«[58] Der Weltschmerz kann demnach als tief
und grundsätzlich empfunden werden: Dabei geht es nicht
mehr in erster Linie darum, daß wegen eines verfehlten Lebens
getrauert wird; das Leben an sich, das Sein im ganzen wird als
sinnlos angesehen. Und die daraus resultierende Melancholie

57 Zitiert nach: Völker (Hg.), a.a.O., S.173f
58 Arthur Schopenhauer: *Die Welt als Wille und Vorstellung* In: *Sämtliche Werke*
Bd.1. Frankfurt am Main 1986. S.539

darf im engeren Sinne als Welt-Schmerz bezeichnet werden. In dieser Weise wird die Melancholie als ein Leiden an der Welt verstanden. Nochmals, damit ist nicht das Leiden an dem konkret faßbar Schlechten in der Welt gemeint, also nicht, daß man – durchaus berechtigt – darunter leiden kann, wie es um die Welt mit ihren ökologischen, politischen, sozialen und anderen Problemen bestellt ist. Vielmehr ist ein Leiden am Sein angesprochen – man leidet darunter, das Sein zu erleiden.[59] Man ist in die Welt und das Sein geworfen, ohne eine Wahl zu haben.

Der Gedanke der Nichtigkeit und Sinnlosigkeit des Lebens fand in der Kunst seinen Niederschlag in den sogenannten Vanitas-Darstellungen. Unter ›Vanitas‹ wurde bereits im Alten Testament verstanden, alles sei eitel, alles in der Welt sei nichtig und leer. In der Malerei des Barock flossen die Melancholie-Darstellungen mit denen der Vanitas zusammen. Die Melancholie-Experten Klibansky, Panofsky und Saxl halten über solch ein Gemälde von Domenico Feti fest: »Der Sinn dieser Darstellung ist auf den ersten Blick einleuchtend: jegliche menschliche Tätigkeit, die praktische nicht weniger als die theoretische, die theoretische nicht weniger als die künstlerische, ist nichtig in Anbetracht der Vergänglichkeit alles Irdischen.«[60] Über die Darstellungen der Melancholie in der Malerei sind zahllose Bücher erschienen. Da in diesem Buch auf Reproduktionen verzichtet wird, werde ich mich der Anschaulichkeit halber weitgehend auf Beispiele aus der Dichtung beschränken. Die Weltschmerzliteratur ist nicht nur in der Lyrik zu finden. In der Form des Briefromans gibt es zwei exponierte Beispiele, nämlich Goethes *Werther* und Hölderlins *Hyperion*.

»Kannst du es hören, wirst du es begreifen, wenn ich dir von meiner langen kranken Trauer sage?« fragt Hyperion, der sich zu einem Eremiten-Dasein entschlossen hat, seinen Freund

---

59 Nun komme ich mit solchen Formulierungen natürlich in Teufels Küche. Jetzt müßte ich nämlich strenggenommen erst einmal erklären, was ich unter ›Sein‹ verstehe, was das denn sei. Nur haben sich daran schon ganz andere Leute die Zähne ausgebissen.

60 Klibansky, Panofsky, Saxl, a. a. O., S. 542. Es handelt sich um ein Gemälde von Domenico Feti, das sowohl mit *Melancholie* wie auch mit *Meditation* betitelt worden ist.

Bellarmin in einem Brief und schreibt weiter:»Nimm mich, wie ich mich gebe, und denke, daß es besser ist zu sterben, weil man lebte, als zu leben, weil man nie gelebt! Neide die Leidensfreien nicht, die Götzen von Holz, denen nichts mangelt, weil ihre Seele so arm ist (...).«[61] Die Trauer, das Leiden werden zu einer ausgezeichneten Weise zu leben, eine Verfassung, die das Leben – trotz des Leidens – erst lebenswert macht.

Goethes *Die Leiden des jungen Werthers* hat unter den zeitgenössischen Lesern eine Selbstmordwelle ausgelöst. Nun sollte man aber nicht meinen, daß Literatur so wirkungsmächtig nur in längst vergangenen Zeiten sein konnte. Auch im 20. Jahrhundert gab es Romane, die ähnliche Reaktionen verursachten. Vielleicht *das* Beispiel schlechthin ist Hermann Hesses Roman *Der Steppenwolf*. Darin begegnet der Ich-Erzähler einem fünfzigjährigen Mann namens Harry Haller:»(...) ich spürte, daß der Mann krank sei, auf irgendeine Art geistes- oder gemüts- oder charakterkrank, und wehrte mich dagegen mit dem Instinkt des Gesunden. Diese Abwehr wurde im Lauf der Zeit abgelöst durch Sympathie, beruhend auf einem großen Mitleid mit diesem tief und dauernd Leidenden, dessen Vereinsamung und inneres Sterben ich mit ansah. In dieser Periode kam mir mehr und mehr zum Bewußtsein, daß die Krankheit dieses Leidenden nicht auf irgendwelchen Mängeln seiner Natur beruhte, sondern im Gegenteil nur auf dem nicht zur Harmonie gelangten großen Reichtum seiner Gaben und Kräfte. Ich erkannte, daß Haller ein Genie des Leidens sei, daß er, im Sinne mancher Aussprüche Nietzsches, in sich eine geniale, eine unbegrenzte, furchtbare Leidensfähigkeit herangebildet habe. Zugleich erkannte ich, daß nicht Weltverachtung, sondern Selbstverachtung die Basis seines Pessimismus sei, denn so schonungslos und vernichtend er von Institutionen oder Personen reden konnte, nie schloß er sich aus, immer war er selbst der erste, gegen den er seine Pfeile richtete, war er selbst der erste, den er haßte und verneinte...«[62]

61   Friedrich Hölderlin: *Hyperion oder Der Eremit in Griechenland* Frankfurt am Main 1979. S.51f
62   Hermann Hesse: *Der Steppenwolf* Frankfurt am Main 1972. S.17

Der Steppenwolf Harry Haller wird hier beschrieben als ein fortwährend tief leidender Mensch, als ein Mann voller Selbstverachtung. Zwar steckt in dieser Charakterisierung schon die Verbindung zwischen Melancholie und Genialität, die – ein origineller Gedanke – durch den Umstand geknüpft wird, daß Haller unter seinen großen Gaben und Kräften keine Harmonie, kein Gleichgewicht herzustellen vermag. Im Vordergrund der Beschreibung dieses Melancholikers steht aber dessen ungewöhnliches Verhältnis zum Leiden.

Hesses Geschichte über den *Steppenwolf* Harry Haller hat viele, viel zu viele ihrer Leser, insbesondere junge Menschen, dazu motiviert, in den Freitod zu gehen. In Amerika und in Japan wurde der Roman gerade in dieser Hinsicht zu einem Kultbuch. Doch Hesse fühlte sich mit dieser Interpretation mißverstanden. »Ich kann und mag natürlich den Lesern nicht vorschreiben, wie sie meine Erzählung zu verstehen haben. Möge jeder aus ihr machen, was ihm entspricht und dienlich ist! Aber es wäre mir doch lieb, wenn viele von ihnen merken würden, daß die Geschichte des Steppenwolfes zwar eine Krankheit und Krisis darstellt, aber nicht eine, die zum Tode führt, nicht einen Untergang, sondern das Gegenteil: eine Heilung.«[63]

Der melancholische Zustand hat demnach etwas Heilendes, Kathartisches, die Seele Reinigendes. Von diesen Gedanken ist es nicht weit zu einer Auffassung der Melancholie, des Leidens und des Weltschmerzes, die auf den ersten Blick paradox erscheinen mag, gleichwohl eine Reihe von Autoren beschäftigt hat. Die Rede ist davon, die Melancholie als etwas Süßes, Heiteres oder Beglückendes aufzufassen. *Heiter* hat Giuseppe Ungaretti das folgende Gedicht betitelt:

Nach all dem
Nebel
leuchten sie
auf:
Stern um
Stern.

63   Hesse, a. a. O., S. 6

Ich atme
die Frische
aus der Farbe
des Himmels.

Erkenne mich
wieder als
flüchtiges Bild,

das sich fügt in unsterblichen
Kreislauf.[64]

Mit der Trauer über das Immergleiche des Weltenlaufs und der
Nichtigkeit und Vergänglichkeit des Individuums entsteht
gleichzeitig eine Art heitere Gelassenheit, die sich dem tieferen
Sinn dieses Kreislaufs beugt.

Eine Sentenz von Victor Hugo bringt die Frage nach dem
Verhältnis von Melancholie und Glück auf den Punkt:»La mé-
lancolie, c'est le bonheur d'être triste.«[65] In diesem Sinne ist
auch ein Satz von Michelangelo zu verstehen:»Meine Freude ist
die Melancholie.«[66] Von manchen wird die Melancholie offenbar
eher als etwas Heiteres empfunden denn als etwas Düster-Fin-
steres. Folgt man Erich Kästner, so wäre dies gar eine

Traurigkeit, die jeder kennt

Man weiß von vornherein, wie es verläuft.
Vor morgen früh wird man bestimmt nicht munter.
Und wenn man sich auch noch so sehr besäuft:
die Bitterkeit, die spült man nicht hinunter.

64 Guiseppe Ungaretti: *Die Heiterkeit – L'Allegria*. Gedichte 1914–1919. München, Wien 1990. S.161
65 »Die Melancholie ist das Glück, traurig zu sein.« Zitiert nach: Klibansky,
Panofsky, Saxl, a. a. O., S.13
66 Zitiert nach Völker (Hg.), a. a. O., S.512

Die Trauer kommt und geht ganz ohne Grund.
Und angefüllt ist man mit nichts als Leere.
Man ist nicht krank. Und ist auch nicht gesund.
Es ist, als ob die Seele unwohl wäre.

Man will allein sein. Und auch wieder nicht.
Man hebt die Hand und möchte sich verprügeln.
Vorm Spiegel denkt man: ›Das ist dein Gesicht?‹
Ach, solche Falten kann kein Schneider bügeln!

Vielleicht hat man sich das Gemüt verrenkt?
Die Sterne ähneln plötzlich Sommersprossen.
Man ist nicht krank. Man fühlt sich nur gekränkt.
Und hält, was es auch sei, für ausgeschlossen.

Man möchte fort und findet kein Versteck.
Es wäre denn, man ließe sich begraben.
Wohin man blickt, entsteht ein dunkler Fleck.
Man möchte tot sein. Oder Gründe haben.

Man weiß, die Trauer ist sehr bald behoben.
Sie schwand noch jedes Mal, so oft sie kam.
Mal ist man unten, und mal ist man oben.
Die Seelen werden immer wieder zahm.

Der eine nickt und sagt: ›So ist das Leben.‹
Der andere schüttelt seinen Kopf und weint.
Wer traurig ist, sei's ohne Widerstreben!
Soll das ein Trost sein? So war's nicht gemeint.[67]

Kästners Gedicht pendelt zwischen Heiterkeit und Ernst, und
obgleich manche Zeilen zum Schmunzeln reizen, werden ganz

67 Erich Kästner: *Traurigkeit, die jeder kennt* In: *Gesammelte Schriften für Erwachsene* Bd.1. Zürich 1969. S.253

wesentliche Beweggründe für die Melancholie angesprochen, Beweggründe, die in der kulturgeschichtlichen Diskussion und Tradition der Melancholie immer wieder angeführt wurden. Einer dieser Beweggründe wurde schon eingangs des Kapitels mit den Worten Georg Büchners wiedergegeben. Kästner sprach nämlich – und damit bringt er eine der am häufigsten getroffenen Melancholie-Definitionen auf den Punkt – von einer Trauer, die ohne erkennbaren Grund kommt. Der rumänische Schriftsteller Émile Cioran sieht genau darin die Möglichkeit, Traurigkeit von Melancholie zu unterscheiden: »Ich weiß, weshalb ich traurig, jedoch nicht, warum ich melancholisch bin.«[68]

Neben dem angeführten Beispiel von Hermann Hesse zeigt sich an Kästners Gedicht – wie überhaupt in seinen Schriften –, daß die Melancholie nicht nur ein Phänomen längst vergangener Zeiten ist. In ihrer Studie über *Saturn und Melancholie* kennzeichnen Klibansky, Panofsky und Saxl das »spezifisch ›poetische‹ Melancholiegefühl der Moderne« als »ein sich beständig aus sich selbst erneuerndes Doppelgefühl, in dem die Seele ihre eigene Einsamkeit genießt, um sich durch eben diesen Genuß ihrer Einsamkeit erneut bewußt zu werden (...) Dieses moderne Melancholiegefühl ist im wesentlichen ein gesteigertes Ich-Gefühl, da das Ich die Achse ist, um die sich jene Kugel von Lust und Wehmut dreht; und es hat auch eine enge Beziehung zur Musik, die nun der Erzeugung subjektiver Gefühle dient. ›Ich kann die Melancholie aus einem Lied saugen, wie ein Wiesel Eier saugt‹, sagt Shakespeares Jaques. Denn die Musik, die früher nur Heilmittel gegen eine Krankheit war, galt jetzt als Erlösung und Nahrung dieser doppeldeutigen, wehmütig-süßen Empfindung.«[69] Wiederum war die Rede von der Melancholie als etwas Wehmütigem und Süßem, eine Wortkombination, die wiederholt in der Lyrik auftaucht, so gleich zu Beginn eines Gedichtes *An die Wehmut* aus dem 18. Jahrhundert von Carl Gustav von Brinckmann:

68 Émile Cioran: *Auf den Gipfeln der Verzweiflung* Frankfurt am Main 1989. S.56
69 Klibansky, Panofsky, Saxl, a.a.O., S.338 f

Süße Wehmut! Deine Leiden,
Voll Genuß und Zärtlichkeit,
Tausch ich nicht um laute Freuden
Ausgelaßner Sinnlichkeit.[70]

Und in der letzten Strophe dieses Gedichtes wird die Wendung
erneut benützt:

Aber diese Freude treibet
Nur den finstern Gram zurück,
Holde, süße Wehmut bleibet
Meinem Herzen stets zurück.[71]

Émile Cioran versucht in einem seiner Essays zu bestimmen,
was denn die süße Melancholie sei. Er schreibt:»Wer kennt
nicht das Gefühl seltsamer Lust an manchen Sommernachmit-
tagen, wenn man den Sinnen ohne gezielten Gedanken ausgelie-
fert ist und die Ahnung lichter Ewigkeit die Seele mit sonderba-
rer Ruhe durchtränkt? Es ist, als ob alle Sorgen dieser Welt und
alle geistigen Ungewißheiten vor einem Schauspiel von berük-
kender Schönheit verstummten, angesichts dessen Verlockung
jedes Problem überflüssig würde. Jenseits aller Erregtheit, aller Betrübnis und Aufwallung saugt ein ruhiges Erleben die
gesamte Pracht der Umgebung mit verhaltener Wollust auf.
Die *Gelassenheit* ist eine wesentliche Eigenart melancholischer
Zustände: es ist eine Abwesenheit besonderer Regungen.«[72] Bei
Cioran tritt eine überraschende Auffassung der Melancholie zutage, erinnert sie doch fast schon an eine philosophische Haltung zum Leben. Und doch ist in diese Richtung die Interpretation der Melancholie nicht nur von ihm, sondern auch von
anderen Denkern, Dichtern und Künstlern vorangetrieben
worden. Neben philosophischem spielte dabei religiöses und
theologisches Gedankengut eine Rolle. So drückten sich in der
Melancholie häufig die verzweifelten Fragen aus, ob die Men-

70 Zitiert nach: Völker (Hg.), a. a. O., S.96
71 ebenda, S.97
72 Cioran, a. a. O., S.44. Zur Gelassenheit vgl. Kapitel V. Melancholie als Haltung

schen angesichts all des Leidens in der Welt von Gott verlassen worden seien, ob die Menschen Gott verloren haben, ob Gott ihnen fern ist.

Da in aller Welt
Mir nichts mehr gefällt,
Wozu bin ich denn gemacht? – Daß ich vergeh,
Und im Leben schaudernd nur den Abgrund seh?
Ist mir nirgends Trost und nirgends Ruh gegeben,
Tiefer Seelengram, so kürze nur mein Leben!

Hat denn Gott mich ganz und gar verlassen?
War zu kühn des stolzen Geistes Flug?[73]

Diese Fragen stellte Philipp Otto Runge (1777–1810) in einem seiner Gedichte. Für den dänischen Philosophen Sören Kierkegaard war die Schwermut ein existentielles Grundgefühl, das Ausdruck dafür ist, daß der Mensch unter der Ferne Gottes leidet. In seinem Tagebuch hielt Kierkegaard fest: »(...) solange das Leiden dauert, ist es oft ungeheuer qualvoll. Doch nach und nach lernt man mit Gottes Hilfe, glaubend bei Gott zu bleiben, selbst im Augenblick des Leidens, oder doch so hurtig wie möglich wieder zu Gott hinzukommen, wenn es gewesen ist, als hätte er einen kleinen Augenblick einen losgelassen, während man litt. So muß es ja sein, denn könnte man Gott ganz gegenwärtig bei sich haben, so würde man ja gar nicht leiden.«[74]

Im Namen der Melancholie sind allerdings nicht nur theologische Spekulationen oder geistreiche Philosophien, große Kunstwerke und bedeutende Gedichte geschaffen worden. Der Versuch, sich der Melancholie zu nähern, sie auszudrücken, steht häufig in der Gefahr, kitschig und sentimental zu werden. Das macht vor keiner Gattung halt. Eine Reaktion auf derlei Verkitschungen: Die Melancholie wurde zur Zielscheibe des Spottes, wie im folgenden Gedicht von Hanns von Gumppenberg.

73 Zitiert nach: Völker (Hg.), a.a.O., S.121
74 Sören Kierkegaard: *Tagebücher 1406* Mainz 1968

Melancholie

Meine Augen sind voll Asche
Meine Ohren habe ich verloren.
Arm und Bein
Sind Gestein;
Auch die Sprache fällt mir nicht mehr ein,
Und die Gedanken werden leichenkälter –
Man wird älter.[75]

Wie jede gute Parodie trifft auch diese in ihrer Überzeichnung noch den Kern der Sache. Was Hans von Gumppenberg nämlich durch den Kakao zieht, könnte als eine philosophische Variante der Melancholie bezeichnet werden. Sie entzündet sich bei der Vergegenwärtigung der Endlichkeit, der Vergänglichkeit, der Sterblichkeit des Menschen. Émile Cioran schreibt:»Das Mißverhältnis zwischen der Unendlichkeit der Welt und der Endlichkeit des Menschen ist ein ernster Grund zur Verzweiflung; betrachtet man es indessen aus einer traumhaften Perspektive, wie sie in den melancholischen Zuständen vorkommt, so hört es auf, marternd zu sein, und die Welt erglänzt in unheimlicher und krankhafter Schönheit. Der tiefe Sinn der Einsamkeit zielt auf eine schmerzhafte Heraushebung des Menschen aus dem Leben und eine Erregung in der Abgeschiedenheit beim Denken an den Tod. Einsam leben bedeutet, vom Leben nichts mehr fordern und nichts mehr erwarten. Die einzige Überraschung der Einsamkeit ist der Tod.«[76]

Büchner hielt den »entsetzlichen Gedanken« fest, daß es Menschen gebe, die unheilbar unglücklich sind, bloß weil sie sind. In

---

75 Zitiert nach: Völker (Hg.), a. a. O., S.501. Gumppenberg parodiert ein Gedicht von Maximilian Dauthendey. Es lautet:
    Meine Augen voll Asche,
    Meine Ohren haben die Töne verloren,
    Bäume, Wind, Gestein,
    Eure Sprache fällt mir nicht ein.
    Höre im Weltraum nur mich,
    Mein wildes, hungerndes Ich.
(Maximilian Dauthendey: *Gesammelte Werke* Bd.4. München 1925. S.117)
76 Cioran, a. a. O., S.43

Ciorans Ausführungen verschärft sich dieser Gedanke: Weil die Menschen sind, sind sie unglücklich. Aber gerade an dieser Stelle bleibt die Melancholie nicht nur reiner Weltschmerz, sondern sie wird auch zu einer Weise, das zu ertragen, was den Weltschmerz verursacht. Wie wußte vor rund zweihundertfünfzig Jahren der Dichter Johann Friedrich von Cronegk:»Die Schwermut wird besiegt selbst durch der Schwermut Macht.«[77]

2. Melancholie als Krankheit

»Anhaltende Angstzustände und Depressionen sind Zeichen der Melancholie«[78], befand Hippokrates, der Begründer der wissenschaftlichen Heilkunde, der im fünften und vierten Jahrhundert vor Christus in Griechenland lebte. In den ihm zugeschriebenen Schriften, *Corpus Hippocraticum* genannt, taucht erstmals der Begriff ›Melancholie‹ auf.

Im Griechischen ist das Wort gebildet aus den zwei Wörtern ›melas‹ und ›chole‹. ›melas‹ bedeutet ›schwarz‹, ›chole‹ ist das griechische Wort für ›Galle‹. Übersetzt hieße ›Melancholie‹ also so etwas wie ›schwarze Galle‹. Hippokrates verstand unter Melancholie eine Verfassung, die durch eine schwarze, krankhafte Verfärbung des Gallensaftes gekennzeichnet ist.[79] Dieser Gedanke wurde später auf vielerlei Arten abgewandelt; man sprach lange Zeit und man spricht selten, doch hin und wieder heute noch von der Melancholie als Schwarzgalligkeit.[80]

77 Zitiert nach: Völker (Hg.), a. a. O., S.529
78 Hippokrates: *Aphorismata* VI,23 Zitiert nach: Klibansky, Panofsky, Saxl, a. a. O., S.54. Wenn man der Übersetzung glauben schenken darf, so spricht Hippokrates von *Zeichen* der Melancholie. Daran kann man die Problematik aufzeigen, die im Laufe der kulturgeschichtlichen Debatte über die Melancholie als Krankheit entstanden ist und die den gegenwärtigen Stand der Diskussion kennzeichnet. Die Zeichen wurden und werden nämlich mit der Sache selbst identifiziert, oder, genauer gesagt, die Sache selbst wurde und wird auf ihre Zeichen reduziert.
79 vgl. Hellmut Flashar: *Melancholie und Melancholiker in den medizinischen Theorien der Antike* Berlin 1966. Insbesondere S.21 ff

Nachdem der Begriff bei Hippokrates erstmals belegt war, wurde er zunehmend Gegenstand medizinischer Theorien in der Antike.[81] In *Saturn und Melancholie* fassen Raymond Klibansky, Erwin Panofsky und Fritz Saxl die Kerngedanken der antiken Medizintheorien zusammen:»Was den verschiedenen Bedeutungen zugrunde liegt, ist die ganz unmetaphorische Vorstellung eines konkreten, sicht- und greifbaren Körperbestandteils, der ›schwarzen Galle‹ (...), die neben dem Phlegma, der gelben (oder ›roten‹) Galle und dem Blut zu den ›quattuor humores‹ gezählt wurde. Diese vier Säfte, so glaubte man, entsprachen den kosmischen Elementen und Perioden, sie beherrschten das ganze Sein und Verhalten des Menschen und bestimmten durch die Art ihrer Mischung den Charakter des Individuums.«[82] Es war also in den medizinischen Theorien der Antike die Rede von verschiedenen Körpersäften, in der Regel von vieren. Die alten Griechen verfolgten in ihrem Denken gewisse Prinzipien. So suchten sie nach Ur-Elementen oder Ur-Qualitäten, auf die alles in der Welt, im Großen wie im Kleinen, im Makrokosmos wie im Mikrokosmos zurückgeführt werden könnte. Hinzu kam das Bestreben, für diese Strukturen einen zahlenmäßigen Ausdruck zu finden, und dafür bot sich die Zahl Vier an, gab es doch schließlich die vier Elemente Wasser, Feuer, Erde und Luft, die vier Himmelsrichtungen, die vier Jahreszeiten und so fort. Neben der Suche nach der Ur-Sache und der Vorliebe für die Zahl Vier spielte noch der Gedanke eine Rolle, daß alles, was von Wert ist, wohlabgestimmt, symmetrisch und harmonisch sei.[83] So kam schon bei den Pythagoreern der Gedanke auf, gesund sei derjenige, bei dem die Mischung der vier Körpersäfte ausgewogen ist. Je nach Jahreszeit hat einmal der eine, einmal der andere der vier Körpersäfte bei

80   So singt denn auch Wolf Biermann in seinem Lied *Melancholie* den Refrain: »Melancholie / Melancholie im Herzen / die Schwarze Galle« (Auf der LP: *Gut Kirschenessen. DDR – ça ira* EMI).
81   vgl. Flashar, a. a. O. und als wohl beste Übersicht: Klibansky, Panofsky, Saxl, a. a. O., insbesondere S.39-124
82   Klibansky, Panofsky, Saxl, a. a. O., S.39
83   vgl. Klibansky, Panofsky, Saxl, a. a. O., S.40f

einer gesunden Mischung die Oberhand. »Die Gesunden werden von diesen vier Säften beherrscht, und die Kranken leiden unter ihnen«[84], faßt Isidor von Sevilla im siebten Jahrhundert die Gedanken der Antike in seiner Enzyklopädie zusammen.

In der Antike und bis ins Mittelalter und die Renaissance hinein wurden gewisse Eigenschaften mit den Körpersäften in Parallele gesetzt. Diese Eigenschaften entstehen durch die Kombinationen der Qualitäten warm und kalt sowie trocken und feucht. Dem Saft Blut wird die Jahreszeit Frühling und die Eigenschaft warm-feucht zugeordnet, der gelben Galle der Sommer und die Eigenschaft warm-trocken, der schwarzen Galle der Herbst und kalt-trocken, sowie dem Phlegma der Winter und die Eigenschaft kalt-feucht. So entstand eine Art Raster aus Körpersäften, Jahreszeiten und Eigenschaften. In der Schrift *Über die Natur des Menschen,* die Hippokrates zugeschrieben wird, ist zu lesen: »Man ist ganz gesund, wenn sich sowohl einzelne dieser Eigenschaften zueinander als auch alle zusammen in einem harmonischen Gleichgewicht befinden, und vor allem, wenn sie sich verbinden.«[85]

Analog zu den Jahreszeiten wurden diesem Raster zudem die Perioden eines Menschenlebens zugewiesen, und zwar in Abschnitten von rund zwanzig Jahren: Jugend, Mannesalter, sinkendes Mannesalter und Greisentum. Doch in diesem Gefüge, das von den Interpreten auf vielerlei Weise kombiniert wurde, entstand mit der Zeit eine Verschiebung: Da zwar Blut, Schleim und gelbe Galle wirklich im Körper zu finden sind, die schwarze Galle jedoch nicht, wurde von den Körpersäften immer weniger geredet. Stattdessen rückten vier Temperamente, vier Veranlagungen in den Blickpunkt: der Blut-reiche Sanguiniker, der vom Schleim bestimmte Phlegmatiker, der von der gelben Galle beherrschte Choleriker und der schwarzgallige Melancholiker. Gemeinhin wurden die Sanguiniker als die gesündesten, lebensfrohsten Menschen angesehen. Die Melancholiker kamen dagegen beim Gros der Interpreten am schlechtesten weg, sie

---

84 Isidor von Sevilla: *Etymologiarum sive originum libri XX* Zitiert nach: Klibansky, Panofsky, Saxl, a.a.O., S.51
85 Zitiert nach: Klibansky, Panofsky, Saxl, a.a.O., S.47

wurden als krank eingestuft. Klibansky, Panofsky und Saxl führen als Beispiel eine Reihe von Symptomen an, die der Stoiker Archigenes mit der Melancholie verbindet:»Dunkle Hautfarbe, Aufgetriebenheit, übler Geruch, Gefräßigkeit bei anhaltender Magerkeit, Depressionen, Menschenscheu, Neigung zum Selbstmord, wahre Träume, Ängste, Visionen sowie der sprunghafte Wechsel von Gehässigkeit, Kleinlichkeit und Geiz zu Umgänglichkeit und Großzügigkeit. Wenn aus der bloßen Melancholie manifester Wahnsinn geworden ist, treten vielfältige Halluzinationen, Dämonenfurcht und Wahnvorstellungen auf (Gebildete ergehen sich in phantastischen astronomischen oder philosophischen Theorien und vermeintlich von den Musen inspirierten künstlerischen Tätigkeiten, Ungebildete glauben, auf anderen Gebieten hervorragend begabt zu sein) sowie religiöse Ekstasen und sonderbare fixe Ideen, wie etwa die Zwangsvorstellung, ein irdener Topf zu sein. Als Grund der Krankheit führt Archigenes nur Hitze und Trockenheit an, als Anlaß Völlerei, unmäßige Fülle, Trunkenheit, Wollust, Unmäßigkeit im Sexualgenuß sowie die Störung der normalen Exkretionen.«[86]

Selbstverständlich ist das keine vollständige Liste aller Symptome der Melancholie, und selbstverständlich wurde zwischen den Autoren und über die Jahrhunderte hinweg heftig und kontrovers über die verschiedenen Ausprägungen der Krankheit Melancholie debattiert. So blieb – um nur eine der Kontroversen zu nennen – letztlich bis heute umstritten, ob Melancholie und Manie in irgendeiner Weise verbunden sind und wenn ja, in welcher. Gleichwohl: So aktuell die Diagnosen der Antike in Sachen ›Melancholie‹ sind, so aktuell sind auch die Therapien, die damals diskutiert wurden. Einige Heilmethoden führen Klibansky, Panofsky und Saxl an:»Den allgemeinen Grundsätzen des Asklepiades entsprechend, basiert die Behandlung aller dieser Krankheiten weniger auf dem Gebrauch von Arzneimitteln und operativen Eingriffen als auf diätetischen und, was am wichtigsten ist, auf psychischen Heilfaktoren. Genannt werden

86   Klibansky, Panofsky, Saxl, a. a. O., S.100

der Aufenthalt in hellen Räumen (entgegen der älteren Meinung, daß Dunkelheit beruhige), Vermeidung schwerer Kost, Mäßigung im Weintrinken, insbesondere im Genuß schweren Weins, Massage, Bäder, Bewegungskuren und bei genügend kräftigem Körperzustand Gymnastik; Bekämpfung der Schlaflosigkeit nicht durch Medikamente, sondern durch sanftes Wiegen oder durch das Geräusch plätschernden Wassers; Wechsel des Aufenthaltsortes, längere Reisen; insbesondere Fernhalten aller beängstigenden Vorstellungen, erheiternde Gespräche und Vergnügungen, sanfte Ermahnungen, Eingehen auf fixe Ideen, Diskussionen, bei denen der Kranke mehr durch unmerkliche Suggestion als durch offenen Widerspruch umgestimmt werden soll, vor allem aber Musik (...).«[87]

Ich mag mich täuschen, doch scheinen mir die in der Psychiatrie Beschäftigten – nicht nur die Pflegekräfte, denen es am wenigsten vorzuwerfen wäre, nein, insbesondere die Psychologen und Ärzte – mit einer erstaunlichen Vergessenheit ob der kulturellen Wurzeln ihres eigenen Metiers behaftet zu sein. Was beispielsweise in den Psychotherapie-Methoden, die seit den sechziger, siebziger Jahren zu Markte getragen werden, an Therapeutika angeboten und als Neuerungen gepriesen wird, ist häufig ein alter Hut. Musiktherapie, Diätetik, Licht- und Gesprächstherapie – alles schon längst bekannt, um deren Heilwirkungen wußte man schon – wie dem obigen Zitat zu entnehmen ist – in der Antike. Nur wurde die heute zum Schlagwort degradierte Ganzheitlichkeit damals ernst genommen, dergestalt, daß auch das Denken selbst noch der Lebensbewältigung dienlich gemacht wurde.[88] Das Vergessen kultureller Wurzeln ist womöglich ein Kennzeichen der Moderne. Mit welcher Radikalität im 20. Jahrhundert mit der Vergangenheit aufgeräumt, von ihr Abschied genommen wurde, ist kaum zu ermessen. Weshalb sich auch kein Analogon anbietet, an dem man den Preis absehen könnte, der für dieses Fort-Schreiten von der kulturellen Tradition zu bezahlen ist und sein wird. Jedenfalls

87 Klibansky, Panofsky, Saxl, a. a. O., S.97f
88 vgl. Pierre Hadot: *Philosophie als Lebensform. Geistige Übungen in der Antike* Berlin 1991

kann man ob dieser Entwicklung sehr wohl melancholisch werden.

Aber zurück zur Melancholie als Krankheit. Im Mittelalter wird die Lehre von den vier Temperamenten weiter diskutiert und interpretiert. Mit den an Melancholie Erkrankten geht man allerdings wenig schonend um. Aderlässe waren noch recht harmlose Mittel. Melancholikern wurden Brenneisen angelegt oder die Schädeldecke aufgebohrt, damit die »melancholischen Dämpfe und Gase« entweichen konnten. Das mag damit zusammenhängen, daß die Melancholie in Form der »acedia«, der Mönchskrankheit, zu den Todsünden gezählt wurde. »Und wie ich gar nicht anders kann als das Mißgeschick derer zu beklagen, die an dieser Krankheit leiden und für ihren Fall keine Abhilfe finden, so muß ich notwendig gegen die Schuldigen, die mehr als offensichtlichen Verursacher zu Feld ziehen, und ebenso bitter mit jenen tyrannischen Pseudo-Alleswissern ins Gericht gehen, den abergläubischen Mönchsorden, übereilten Gelübden, hartherzigen Eltern, Vormündern, widernatürlichen Freunden und Bundesgenossen (nennt sie wie ihr wollt), den pflichtvergessenen, tumben Oberen, die aus weltlicher Rücksicht, Geldgier, Eigeninteresse – cum sibi sit iterim bene [wenn es ihnen dabei nur gut geht] – imstande sind, ohne Gewissensbisse und Erbarmen die Tränen, Seufzer, das schlimme Ach und Weh der ihnen anvertrauten armen Seelen so rüde von sich weisen, so hartherzig zu übergehen, so gottlos zu verschmähen. Wie abscheulich und ruchlos sind doch jene abergläubischen und unbesonnenen Gelübde der papistischen Klöster, die Männer und Frauen binden und zwingen, sich unter Eid auf Jungfräulichkeit und alleinstehende Lebensweise zu verpflichten, ganz gegen das Naturgesetz und im Widerspruch zur Religion, Staatserhaltung und Menschlichkeit, und so die Lebenskraft der Jugend auszuhungern, zu vergewaltigen und zu unterdrükken!«[89] So machte der Shakespeare-Zeitgenosse Robert Burton sich Luft, als er über die Ursachen der Mönchskrankheit in seinem gewaltigen Folianten *Die Anatomie der Melancholie* sinnierte.

89 Burton, a.a.O., S.183f.

64

In der Renaissance wurde die Betrachtung der Melancholie als Krankheit in den Hintergrund gedrängt, andere Interpretationen, wie die der Melancholie als Ausdruck von Genialität gewannen an Gewicht. Die medizingeschichtlichen Diskurse möchte ich daher im folgenden vernachlässigen und mich gleich jüngeren Entwicklungen zuwenden. In der Diskussion um die Melancholie als Krankheit wurde der Begriff im 19. und 20. Jahrhundert zunehmend durch ›Depression‹ ersetzt. Doch nach wie vor bleibt die Melancholie Gegenstand von psychiatrischen Untersuchungen, wenn diese auch nicht mit dem Umfang und der Bedeutung der Depressionsforschung für die psychiatrische Praxis konkurrieren können. Zwei Ansätze, der von Sigmund Freud und der von Hubertus Tellenbach, seien im folgenden kurz vorgestellt.

In seinem Aufsatz *Trauer und Melancholie* versucht Sigmund Freud die Melancholie von der Trauer abzugrenzen.[90] Nach dem Hinweis auf die schwankenden Begriffsbestimmungen der Melancholie und auf ihre verschiedenartigen klinischen Formen[91] schreibt der Begründer der Psychoanalyse:»Trauer ist regelmäßig die Reaktion auf den Verlust einer geliebten Person oder einer an ihre Stelle gerückten Abstraktion wie Vaterland, Freiheit, ein Ideal usw. Unter den nämlichen Einwirkungen zeigt sich bei manchen Personen, die wir darum unter den Verdacht einer krankhaften Disposition setzen, an Stelle der Trauer eine Melancholie.«[92] Für Freud ist also in erster Unterscheidung die Melancholie eine krankhafte Verarbeitung des Verlustes eines geliebten Objektes, was auch immer dieses Objekt im jeweiligen Fall darstellen mag. Allerdings sei bei der Melancholie das Liebesobjekt häufig ideeller Natur.[93] Freud beschreibt die Kennzeichen der Melancholie zwar in der Sprache der Psychoanalyse, doch ist das im Grunde den Beschreibungen sehr ähnlich, wie sie in der kulturgeschichtlichen Tradition immer wie-

90 Sigmund Freud: *Gesammelte Werke* Bd.X. Frankfurt am Main 1946. S.428–446
91 Freud, a.a.O., S.428
92 Freud, a.a.O., S.428f
93 vgl. Freud, a.a.O., S.431

der vorgenommen wurden:»Die Melancholie ist seelisch ausgezeichnet durch eine tief schmerzliche Verstimmung, eine Aufhebung des Interesses für die Außenwelt, durch den Verlust der Liebesfähigkeit, durch die Hemmung der Leistung und die Herabsetzung des Selbstgefühls, die sich in Selbstvorwürfen und Selbstbeschimpfungen äußert und bis zur wahnhaften Erwartung von Strafe steigert.«[94] In dieser Abwertung des Ichs sieht Freud einen wichtigen Unterschied der Melancholie zur Trauer. Die Verarmung des Ichs kennzeichnet Freud folgendermaßen:»Bei der Trauer ist die Welt arm und leer geworden, bei der Melancholie ist es das Ich selbst.«[95] Nach einer Kränkung oder Enttäuschung durch das geliebte Objekt werden nicht diesem Vorwürfe gemacht, der Melancholiker macht sich selbst Vorwürfe. Diese Selbstvorwürfe sieht Freud darin begründet, daß der Melancholiker sich stark mit dem Objekt identifiziert. Seine Klagen sind im Grunde Anklagen. Indem der Melancholiker sich selbst bestraft, rächt er sich für die Enttäuschung. So könne, meint Freud, seine Selbstquälerei sogar etwas Genußreiches bekommen. Vielleicht liegt darin der Grund dafür, daß Melancholiker auf ihre Mitmenschen häufig wirken, als wären sie geradezu verliebt in ihr Leiden.

Hubertus Tellenbach ist einer der Psychiater, die – im Gegensatz zu den meisten ihrer Standeskollegen – auch heute noch über die Melancholie nachdenken und in der historischen Entwicklung, nur noch von Depression zu sprechen, eine Reduktion und einen Verlust sehen. Tellenbach war Professor an der Psychiatrischen Universitätsklinik in Heidelberg und hat neben einer Reihe von kleineren Schriften eine der wichtigsten und ausführlichsten Studien über Melancholie als Krankheit verfaßt. Darin greift er eine These auf, die Aristoteles vor rund zweitausenddreihundert Jahren formulierte, nämlich daß die Melancholie sich in zwei verschiedenen Formen niederschlagen kann, der Schwermut des Genialen und der Gemütskrankheit, der Psychose Melancholie. Tellenbach:»Schwermut und Melancholie sind unterschiedliche Phänomene; klinisch gesprochen:

94 Freud, a.a.O., S.429
95 Freud, a.a.O., S.431

zwei verschiedene Formen von Depressivität (...)«[96]. Hubertus
Tellenbach spricht von einem »Typus melancholicus«. Dessen
Wesenszüge seien nicht zu bestimmen, indem man seine Eigenschaften analysiert und systematisch gliedert, »vielmehr
gelangen wir in der begegnenden Erfahrung mit denen, die
melancholisch waren, zu einer sich ständig verdichtenden Anschauung, in welcher sich kennzeichnende Merkmale immer
deutlicher gegen ephemere und zufällige abschatten.«[97]

So hat Tellenbach 1959 an der Psychiatrischen Klinik der
Universität Heidelberg einhundertvierzig Fälle von Patienten
nachuntersucht, die bereits bis zu zehnmal melancholische
Phasen durchlebt hatten. In der Hauptsache handelte es sich
um Hausfrauen, die Berufstätigen gingen vorwiegend eher an-
spruchsloseren Arbeiten nach. Diese Melancholiker gehörten in
der Überzahl dem unteren Mittelstand an. Das scheint im Widerspruch zu stehen zu der Auffassung des Begriffes, die erstmals mit Aristoteles und seit der Renaissance die Melancholie
häufig genialen Menschen zuschreibt und sie zur »Künstler-
Krankheit« stilisiert. Der Widerspruch löst sich jedoch auf,
wenn man sich klarmacht, daß hier von zwei, wenn auch ver-
wandten und sich ähnelnden, in wichtigen Punkten jedoch sehr
unterschiedlichen Phänomenen gesprochen wird. Das eine Mal
wird die Melancholie aufgefaßt als eine Stimmung oder Geisteshaltung, womöglich als eine außerordentliche Weise, die Welt
zu erfahren; das andere Mal wird sie als Krankheit angesehen.

Als einen Wesensgrundzug des kranken Melancholikers
nennt Tellenbach dessen starkes Festgelegtsein auf Ordentlichkeit.[98] »Wir *verstehen unter Ordentlichkeit (...) kein Merkmal von
Abnormität.* Wenn wir im Ordentlichen einen Grundzug der
Struktur des melancholischen Typus erkennen, so besagt dies
nicht, daß jeder Ordentliche in Gefahr wäre, melancholisch zu
werden. Entscheidend ist, daß die melancholische Persönlichkeit auf Ordentlichkeit *festgelegt* ist, welche nicht immer in al-

---

96 Hubertus Tellenbach: *Melancholie. Problemgeschichte, Endogenität, Typologie, Pathogenese, Klinik* Berlin, Heidelberg, New York, Tokyo 1983 (4). S.11
97 Tellenbach, a.a.O., S.53
98 vgl. Tellenbach, a.a.O., S.66ff

len, mindestens aber in *einem* wesentlichen Daseinsbereich besonders sinnfällig ist.«[99] Tellenbach erläutert dieses Festgelegtsein auf Ordentlichkeit sehr eindringlich und anschaulich: »Durchweg kennzeichnen Schlichtheit und Sauberkeit den äußeren Habitus, auch den der Angehörigen, für die sie sorgen. Im Umgang mit den alltäglichen *Dingen* herrscht vorbedachtes Aufräumen und Aufgeräumthalten. Das Arbeitsleben ist durchweg bestimmt von Fleiß und Gewissenhaftigkeit, Pflichtbewußtsein und Solidität. Ordnung durchwirkt auch die *mitmenschlichen* Bezüge, vor allem in dem zuweilen geradezu ängstlichen Bedachte, die Atmosphäre freizuhalten von Störungen, Reibungen, Konflikten, insbesondere von *Schuldhaftem* in jeglicher Form. In der Beziehung zu Vorgesetzten und Kollegen stehen Treue, Dienstwilligkeit und Hilfsbereitschaft obenan. Autorität und Rangordnung werden respektiert. Die Familie ist durchweg aufs Patriarchalische hin geordnet. Das Sein-für-andere hat hier den Charakter der Anhänglichkeit, aufopfernden Sorgewillens, fester Verbundenheit mit dem ehelichen Partner und insbesondere mit den Kindern. Auch das Verhältnis zur Welt des *Sittlichen* findet sich von Ordnungscharakteren bestimmt. Für den Melancholiker gilt die Gewissenhaftigkeit auch im ursprünglichen Sinne des Wortes – als Begabung mit einem besonders empfindlichen Gewissen und dem Triebe, dessen Anforderungen zu genügen. (...) Die prononcierte Ordentlichkeit wird durch einen *weiteren Grundzug* des melancholischen Typus ergänzt: *durch einen überdurchschnittlich hohen Anspruch an das eigene Leisten.* Dieser bezieht sich auf die *Qualität*, aber auch auf das *Quantitative*. Der Melancholiker will *viel* leisten – und das Viele regelmäßig.«[100] Nur weiß jeder, daß sich all diese hohen Ansprüche und Anforderungen an die eigene Person immer nur über einen begrenzten Zeitraum erfüllen lassen. Irgendwann ist damit Schluß, und dann explodiert die Zeitbombe, die so lange schon in einem tickte.

Welchen Stellenwert die ordentliche Erledigung aller Arbeiten für den Melancholiker hat, sieht man an dem Fall einer fünf-

99 Tellenbach, a.a.O., S.66
100 Tellenbach, a.a.O., S.66

undsechzigjährigen Frau aus Tellenbachs Untersuchung. Sie hatte zweiundzwanzig Jahre lang drei Berufe. Ihr Tag begann um drei Uhr mit Feldarbeit, danach arbeitete sie acht Stunden in einer Fabrik, am Abend sorgte sie für den Haushalt und die drei Kinder. Ihre Einstellung brachte sie mit dem Satz auf den Punkt: »Wenn ich nicht mehr arbeiten kann, mein' ich, ich müßt' sterben.«[101] Der krankhafte Melancholiker verlangt sich also ein enormes Leistungspensum ab, will aber zudem auch alles akkurat, korrekt und genau erledigen. Dies selbst ist noch nicht die Krankheit, aber, wenn man so will, der Nährboden, auf dem die bittere Pflanze Melancholie wachsen kann. Doch zuvor muß ein Samenkorn auf diesen Nährboden fallen, und dieses Samenkorn kann zum Beispiel eine Störung des gewohnten Rhythmus sein.

Dafür findet sich in der Literatur ein Beispiel im Roman *Die Blendung* von Elias Canetti. Canettis Hauptfigur ist der Gelehrte Peter Kien, der völlig abgeschottet von der Welt seinen sinologischen Studien nachgeht. Er lebt in der Welt der Bücher, seine gut zwanzigtausend Bände umfassende Bibliothek ist penibel geordnet. Kiens Tagesablauf unterliegt strengen Regeln, alles in seinem Leben verläuft in geordneten Bahnen. »In der Bibliothek lief alles am Schnürchen. Zwischen sieben und acht Uhr früh gönnte er sich einige der Freiheiten, aus denen das Leben der übrigen besteht. Obwohl er diese Stunde auskostete, hielt er auf Ordnung.«[102] Der Roman erzählt nun die Geschichte einer Krise, die dadurch entsteht, daß Kiens Ordnung gestört wird. Kien heiratet seine Haushälterin Therese aufgrund eines Mißverständnisses: Er deutete eine ihrer Gesten als wahre Liebe zu Büchern. Das ungleiche Paar redet ständig aneinander vorbei, keiner versteht den anderen. Und Therese bringt Kiens gewohnten Tagesablauf durcheinander. Der erste Schritt in den melancholischen Wahn ist für den Gelehrten getan.

Es macht vorderhand stutzig, daß schon eine Veränderung im Tagesablauf den Anfang auf dem Weg in eine krankhafte Melancholie darstellen soll. Doch ähnlich gelagerte Fälle führt

101   Tellenbach, a.a.O., S.70
102   Elias Canetti: *Die Blendung* Frankfurt am Main 1965. S.14

Hubertus Tellenbach in seinen Untersuchungen an. Entscheidend dabei ist die Vorgeschichte des Patienten. Weist er die Persönlichkeitsstruktur des »Typus melancholicus« auf, so können solche augenscheinlich unbedeutenden äußeren Ereignisse für die innere Stabilität schlimme Folgen haben. Tellenbach schreibt: »Dieses spezifische Verhältnis zur Ordnung zeigt sich als ein sich in die Grenzen der Ordnung Einschließen. Damit ist gemeint ein Sich-einordnen, Aufgehen und Verweilen in einem bemessenen und durch feste, lineare Verweisungsbezüge gegliederten Raume. (...) Innerhalb der Grenzen, im ausgemessenen Bereich, ist der Melancholiker selbständig. Aber jene echte Selbständigkeit, die der beweist, der sich den prinzipiell unabgeschlossenen, von der Zukunft her drängenden Forderungen von Welt und Selbst offenhält, besitzt der Melancholiker nicht.«[103]

So zeigt sich Canettis Hauptfigur unselbständig und der Welt nicht gewachsen, sobald in den festumrissenen Raum der Bibliothek, in die Welt der Bücher fremde Dinge und Personen treten. Was die Bedeutung äußerer Ordnung für den Kranken betrifft, hat Canetti selbst eine kleine, bezeichnende Szene festgehalten, die mit einem Schuß Ironie versehen ist. Kien spricht seinen Bruder, der von Beruf Psychiater ist, auf dessen sorgfältige Kleidung an. Der Bruder antwortet: »Ein häßlicher Zwang! Mein Beruf bringt das mit sich. Auf ungebildete Kranke macht es oft Eindruck, wenn ein Herr, der ihnen vornehm scheint, sie vertraulich behandelt. Manche Melancholiker fühlen sich durch meine Bügelfalten mehr gehoben als durch meine Worte.«[104]

Für Tellenbach lassen sich dem Melancholiker zwei Begriffe zuordnen: ›Inkludenz‹ und ›Remanenz‹. Mit ›Inkludenz‹ ist das Eingeschlossensein in einen festen Bezugsrahmen, in eine begrenzte Welt gemeint. Mit ›Remanenz‹ wird auf den enormen Leistungsdruck, unter den sich der Melancholiker setzt, und auf seine Folgen abgehoben; da diese Ansprüche nämlich auf Dauer nicht erfüllt werden können, kommt der Melancholiker in eine Zwickmühle: Er bleibt sich etwas schuldig, er bleibt gleichsam

103 Tellenbach, a.a.O., S.109
104 Canetti, a.a.O., S.468

hinter sich selbst und seinen Ansprüchen zurück. Diese verzwickte Situation bringt den Melancholiker zur Verzweiflung. Und mit der Verzweiflung ist sozusagen die Initialzündung für die melancholische Psychose gegeben. Tellenbach hat versucht zu fassen, was Verzweiflung eigentlich ist: »Genau genommen ist Verzweiflung eben *nicht* das Hoffnungslose, das Desperate. Verzweiflung ist nichts Endgültiges, kein an einem Ende Angelangtsein, sondern ein Hin und Her, ein Alternieren, so daß eine endgültige Entscheidung nicht erreichbar ist. Der Verzweifelnde muß sich in Möglichkeiten aufhalten, deren keine noch Wirklichkeit geworden ist. *Das Spezifische der melancholischen Verzweiflung ist nun das Festgehaltenwerden in diesem Alternieren.* Der Verzweifelnde gleicht einem Menschen, der versucht, gleichzeitig an zwei Orten zu sein. Ihren letzten Ausdruck erreicht diese Verzweiflung in jenen Melancholischen, die sich damit quälen, daß sie nicht leben, aber auch nicht sterben können.«[105]

Genau solch einen Menschen, der in einer existentiellen Verzweiflung steht, beschreibt Georg Büchner in seiner *Lenz*-Erzählung. Mit großem Einfühlungsvermögen schildert Büchner, wie der Dichter Jakob Michael Reinhold Lenz unaufhaltsam in tiefe Melancholie sinkt und schließlich wahnsinnig wird. Über die präzise Schilderung dieses Prozesses hinaus versetzt Büchners Erzählung den Leser schon mittels ihrer Sprache in eine melancholische Stimmung. Zudem werden gleich in den ersten Sätzen mehrere Melancholie-Symbole angeführt, wie etwa der Nebel oder das Grau; und Lenz selbst wirkt seltsam, merkwürdig, befremdend in seiner eigenwilligen Wahrnehmung der Welt. »Den 20. ging Lenz durch's Gebirg. Die Gipfel und hohen Bergflächen im Schnee, die Täler hinunter graues Gestein, grüne Flächen, Felsen und Tannen. Es war naßkalt, das Wasser rieselte die Felsen hinunter und sprang über den Weg. Die Äste der Tannen hingen schwer herab in die feuchte Luft. Am Himmel zogen graue Wolken, aber Alles so dicht, und dann dampfte der Nebel herauf und strich schwer und feucht durch das Ge-

105 Tellenbach, a. a. O., S.153

sträuch, so träg, so plump. Er ging gleichgültig weiter, es lag ihm nichts am Weg, bald auf- bald abwärts. Müdigkeit spürte er keine, nur war es ihm manchmal unangenehm, daß er nicht auf dem Kopf gehn konnte. Anfangs drängte es ihm in der Brust, wenn das Gestein so wegsprang, der graue Wald sich unter ihm schüttelte, und der Nebel die Formen bald verschlang, bald die gewaltigen Glieder halb einhüllte; es drängte in ihm, er suchte nach etwas, wie nach verlorenen Träumen, aber er fand nichts. Es war ihm alles so klein, so nahe, so naß, er hätte die Erde hinter den Ofen setzen mögen, er begriff nicht, daß er so viel Zeit brauchte, um einen Abhang hinunter zu klimmen, einen fernen Punkt zu erreichen; er meinte, er müsse Alles mit ein Paar Schritten ausmessen können.«[106]

In Hubertus Tellenbachs Untersuchungen werden ab und an wörtliche Aussagen von Patienten wiedergegeben, die beschreiben, wie sie die Melancholie erlebten. Der Tonfall dieser Aussagen erinnert öfters an die Sprache Büchners. Eine Frau beispielsweise berichtet, sie habe sich »so aufgeregt, so hastig, so verändert, so krank, so bedrückt«[107] gefühlt. Sie erlebte »die reinsten Höllenqualen … ein Schwindelgefühl im Kopf«[108] Eine andere Patientin erzählt:»Ich habe Angst, ich bring alles nicht fertig; abends ist's besser. Es sollte immer Abend sein. Die Wohnung ist mir so fremd, so kalt … ich habe gar keine Freude.«[109] Die nächste Melancholische stellt fest,»das Blut sei so unruhig«[110], eine weitere Kranke gibt an, in letzter Zeit sei »alles so fern, so wie verschlossen«[111]. Ein eigenartiger Rhythmus durchwirkt sowohl Büchners wie der Patienten Sprache. Das Wörtchen ›so‹ bringt einen traurigen Ton in die Melodie der Sätze. Die Ähnlichkeiten zwischen den Formulierungen der Patienten und der Sprache Büchners mit ihrer melancholischen Stimmung lassen sich damit erklären, daß dieser als ausgebildeter Mediziner die pathologischen Phänomene der Melancholie

106 Georg Büchner: *Lenz* In: *Werke und Briefe* a.a.O., S.137
107 Tellenbach, a.a.O., S.79
108 ebenda
109 Tellenbach, a.a.O., S.102
110 Tellenbach, a.a.O., S.105
111 Tellenbach, a.a.O., S.165

sehr wohl gekannt und genau beobachtet haben wird. Darüber darf jedoch nicht vergessen werden, daß Büchner eine ganz bestimmte Form der Melancholie mit den Mitteln der Dichtung schilderte.[112]

Ganz gleich, ob man sich in der Kulturgeschichte nun mit den Mitteln der Dichtung oder mit denen der Wissenschaft der Melancholie im allgemeinen wie der Melancholie als Krankheit im besonderen genähert hat – bislang ist es wohl nie gelungen, die Melancholie vollständig zu beschreiben oder sie gar zu definieren. Ein Grund dafür dürfte darin liegen, daß es in der Geschichte des Begriffes zu einer seltsamen Melange zweier Bestimmungen gekommen ist. Auf der einen Seite galt die Melancholie den Medizin-Theoretikern wie Hippokrates als ein rein körperliches Phänomen; auf der anderen Seite wurde die Melancholie schon in den *Problemata* des Aristoteles mit Eigenschaften in Verbindung gebracht, die geistiger Natur sind. Mit der seit Descartes extrem forcierten Trennung von Geist und Körper, Seele und Leib ist es immer schwerer gefallen, einen Begriff gleichsam geistig wie körperlich zu bestimmen und diese Bestimmungen als Einheit aufzufassen.[113] Nein, das Stichwort ›Ganzheitlichkeit‹ sollte heute wohl kaum noch in den Mund genommen werden, weil es durch recht dumme Debatten innerhalb der Psychiatrie und Psychotherapie reichlich in Mißkredit gebracht worden ist. In diesen Debatten wurde Ganzheitlichkeit gefordert, aber worauf lief diese Forderung in der Praxis hinaus? Auf eine Verabschiedung des Geistes. Und woher kam das? Von einem völlig reduzierten Vernunftbegriff, reduziert auf instrumentelle, technokratische Vernunft, die in-

112 Mit der Darstellung des melancholischen Wahns, in den Lenz immer tiefer gerät, greift Büchner selbstverständlich nicht nur das Thema ›Melancholie als Krankheit‹ auf, sondern zuallererst das Thema ›Genie und Wahnsinn‹ (vgl. Kap. III.4 Melancholie als Genialität). Trotzdem schien es mir wegen der verblüffenden sprachlichen Nähe zu den von Tellenbach gesammelten Patientenaussagen gerechtfertigt zu sein, Büchners Erzählung bereits hier als Beispiel anzuführen.
113 Nachdem die Anbindung der Melancholie an den Körper, was über die schwarze Galle geschah, sich auflöste, scheint die Faszination an der Melancholie geschwunden zu sein. Der Begriff wurde durch den der Depression ersetzt, der immer auch im Blick auf körperliche und hirnorganische Aspekte angegangen wurde.

nerhalb der Psychotherapie als der Beelzebub gehandelt wird, der die Kranken davon abhält, einen positiven Kontakt zu ihrer Gefühlswelt zu bekommen.[114] Was hat eine instrumentelle Vernunft aber mit dem ›Logos‹ oder mit der ›Ratio‹ zu tun? Herzlich wenig. ›Logos‹ hat in der Philosophie schon in den Anfängen weitaus mehr bedeutet als folgerichtiges Denken innerhalb geschlossener Systeme. Und auch in dieser Formulierung steckt schon der Teufel im Detail. ›Denken‹ ist für uns etwas völlig anderes als ›fühlen‹. In dieser Weise fielen die beiden Begriffe in der Antike jedoch nicht auseinander. Zum ›Logos‹ zählte das Sprechen, das Reden, das bei Platon unmittelbar mit der Seele in Verbindung gebracht wird. Theaitetos fragt Sokrates, was er unter ›Denken‹ verstehe. Sokrates' Antwort: »Eine Rede, welche die Seele bei sich selbst durchgeht über dasjenige, was sie erforschen will.«[115] ›Denken‹, ›Wahrnehmen‹, ›Sprechen‹, ›Hören‹ waren Worte, die in enger Verknüpfung benutzt wurden.[116]

All diese Zusammenhänge sind nicht nur in der psychiatrischen Diskussion der Melancholie weitgehend verlorengegangen. Daher blieb es stets nur bei mehr oder minder gelungenen Annäherungen an einen Begriff, der sich schon ob seiner Komplexität der Schärfe und Präzisierung entzieht. Und so ist die Interpretation der Melancholie als Krankheit ein wichtiger Strang in der Geschichte dieses Begriffs, der sicher auch in Zukunft – wenngleich er an Bedeutung verloren hat und in der Psychiatrie eine unwesentliche Rolle spielt – weitergesponnen werden wird. Aber welche Interpretationen und Erkenntnisse

114 Diese Fehleinschätzung der Vernunft hat in der Psychotherapie zur Folge, daß die Patienten darauf getrimmt werden, ihre Gefühle wahrzunehmen und auszudrücken. Dagegen ist an sich nichts zu sagen. Aber es bleibt meist nur dabei; als Möglichkeiten zur Gesundung und Entwicklung einer Persönlichkeit werden die ungeheuren Potentiale des Geistes aber nicht stimuliert. Was nützt die Wahrnehmung und der Ausdruck von Gefühlen, wenn sie nicht in Verbindung mit dem Geist gebracht werden können? Dann wird die »Psycho-Sprache« zur reinen Technik.
115 Platon: *Theaitetos* 189e. In: *Sämtliche Werke* Bd.IV. Hamburg 1958. S.157
116 vgl. die Artikel *Denken* und *Logos* In: Joachim Ritter, Karlfried Gründer (Hg.): *Historisches Wörterbuch der Philosophie* Bd.2 und Bd.5. Basel, Stuttgart 1972 bzw. 1980

auch immer auftauchen werden, womöglich bleibt ein Satz von Sigmund Freud bestehen, der – nachdem er eine ganze Reihe von verschiedenen Formen der Melancholie aufgelistet hatte – schrieb:»Die Verhältnisse sind also ziemlich undurchsichtig (...).«[117] Vielleicht hat Freud damit unwillentlich einen Aspekt angesprochen, der nicht besser auszudrücken wäre als in den Worten des Religionsphilosophen Romano Guardini:»Die Schwermut ist etwas zu Schmerzliches, und sie reicht zu tief in die Wurzeln unseres menschlichen Daseins hinab, als daß wir sie den Psychiatern überlassen dürften.«[118]

Die Melancholie ist, wie es bei Guardini anklingt, ein Leiden an der Welt, am Sein, an der Unmöglichkeit eines humanen Daseins, an der Schuldhaftigkeit der Existenz. Dies wird meist bezeichnet als Weltschmerz. Daß es solch ein Leiden an der Welt gibt und daß man dazu allen Gund haben kann und eben nicht nur psychologische Gründe, sondern politische wie philosophische, genau das vergißt die Psychiatrie. Womöglich wird die Psychopathologie niemals bemerken – und das ist ihre Tragik –, daß ein Mensch wirklich an der Welt leiden kann (ohne deshalb schon psychisch krank zu sein) und daß Depressionen mit all ihren Auswirkungen und Erscheinungen oft genug nur ein Symptom dessen sind.

Und nun kommen amerikanische Hirnphysiologen daher und meinen, sie müßten die psychiatrische Reduktion der Melancholie noch mit der Erkenntnis krönen, sie hätten den Sitz der Traurigkeit festgemacht. Sie ließe sich nämlich im rechten Hirnlappen lokalisieren, und der Melancholiker könne über eine Aktivierung der linken Hirnhälfte wieder ins Lot gebracht werden.[119] Das Problem an solchen wissenschaftlichen Erkenntnissen ist, daß sie zwar – um mit der Diltheyschen Unterscheidung zu argumentieren – etwas erklären mögen, nicht unbedingt aber etwas verstehen helfen. Und somit eher verklären. Daß die Traurigkeit ihren Sitz in der rechten Hirnhälfte habe,

117 Sigmund Freud: *Kulturtheoretische Schriften* Frankfurt am Main 1986. S.123
118 Romano Guardini: *Vom Sinn der Schwermut* Mainz 1983. S.7
119 vgl. *Ort der Traurigkeit* In: *Der Spiegel*, Heft Nr. 14 vom 1.4.1991, S.266f

kann nur jemand annehmen, der bezüglich des Leib-Seele-Problems eine Position etwa des Parallelismus einnimmt oder der hirnorganische Prozesse mit seelischen gleichsetzt oder der alles Nicht-Biochemische am Menschen leugnet. Welche philosophischen Probleme diese Positionen aufwerfen, ist wohl den wenigsten Hirnphysiologen bekannt. Was ihre Arbeit nicht unbedingt überzeugender macht.

Um noch einmal auf die Psychiater zu sprechen zu kommen und dabei nicht nur auf sie zu schimpfen: Es gibt ja durchaus welche, die sich aktuell mit Melancholie befassen und sich dabei bemühen, den Horizont nicht zu verengen. Johann Glatzel läßt sich mit seiner Studie *Melancholie und Wahnsinn* anführen. Darin kritisiert er:»Die Melancholie ist offenbar dem Wandel der Psychiatrie in eine primär medizinische Wissenschaft zum Opfer gefallen, die Psychiatrie hat sich ihrer entledigt, indem sie sich dem medizinischen Paradigma unterwarf.«[120] Glatzel zieht für seine Erörterung der Melancholie, auf die ich hinweisen, doch nicht näher eingehen möchte, zahlreiche literarische Beispiele heran, Thomas Mann etwa oder Karl Krolow. Glatzel begeht den gleichen Denkfehler wie ich auch: Er setzt literarische Figuren mit echten gleich und überträgt seine Interpretationen der einen auf die anderen. Die Literatur ist aber bloße Inszenierung, ihre Figuren sind Zuspitzungen auf dem Papier. Doch sind die wirklichen Menschen so anders? Kann man nicht in ihnen lesen wie in einem Buch? Solche Fragen beantwortet man am galantesten, indem man sie anderen zur Bearbeitung überläßt.

Wie auch immer, Glatzel ist Respekt zu zollen, denn er hat für einen Psychiater erstaunliche literarische Kenntnisse. Der arrogante Spott dieses Satzes ist ganz bewußt gewählt, nicht gegen Glatzel, sondern gegen die Psychiater richtet er sich, deren Lektüre nur noch aus Fachliteratur besteht. Das ist – abgesehen davon, daß man aus Romanen trotz oder gar wegen deren Fiktionalität Menschen- und Weltkenntnis erwerben kann – schon aus stilistischen Gründen eine Katastrophe, man braucht

---

120 Johann Glatzel: *Melancholie und Wahnsinn. Beiträge zur Psychopathologie und ihren Grenzgebieten* Darmstadt 1990. S.88

ja nur einen Blick in diese Bücher zu werfen. Hinzu kommt, daß die Fachliteratursprache noch weniger mit der Welt der Patienten zu tun hat als die Sprache der Romane. Wo aber lebt der Mensch, wenn nicht in der Sprache? Es gab Zeiten, da gehörten Psychiater zur intellektuellen Elite ihrer Generation, und da zählten ihre Texte zu den Höhepunkten der Essayistik – Freud war ein brillanter Stilist, auch Jaspers wußte die Worte zu setzen. Es gab Zeiten, da gehörten Psychiater und Mediziner zu den Größen deutscher Dichtung. Wo sind sie geblieben, die Benns und Döblins? Vielleicht liegt in diesem Verlust an Intellektualität auch ein Teil des Mangels der modernen Medizin begründet.

3. Melancholie als Schwermut der Liebe

»Liebe ist eine *species* der Schwermut«, schrieb Robert Burton in seinem Buch *Die Anatomie der Melancholie*.[121] In diesem gewaltigen Band aus der ersten Hälfte des 17. Jahrhunderts versuchte der Oxforder Gelehrte, der Melancholie in all ihren Formen beizukommen, sie zu analysieren und festzuhalten, was bis dato in der Philosophie, der Medizin, der Naturwissenschaft, der Psychologie und der Literatur zu diesem Begriff angemerkt worden war. Man könnte sagen, Burton betrieb bibliophile Leichenfledderei. Überall griff er zu, nahm sich an allen Ecken und Enden etwas mit. Nur wurden bei dieser Art von Nekrophilie die Opfer nicht entehrt oder entweiht, sondern sie erfuhren eine Wiederauferstehung.

Im letzten Teil seines Buches widmete sich Burton der *Schwermut der Liebe*. Seine Ausführungen können noch immer als Rahmen und Ausgangspunkte dienen, denn sie sind – auch wenn Burtons Sprache etwas antiquiert anmuten mag – bei weitem nicht veraltet. In seinen Ausführungen, die erstmals

---

121 Burton, a.a.O., S.270

1621 erschienen und bis zu seinem Tod 1640 immer wieder ergänzt und erweitert wurden, erwähnt der Bücherwurm Burton
zwar auch die Liebe zu irgendwelchen Dingen oder Tätigkeiten;
in den Vordergrund stellt er jedoch die Liebe zwischen den Menschen, die Liebe zwischen Mann und Frau. »Der letzte Grund,
der die Menschen aneinander bindet, ist Anmut der Person, die
bloße Schönheit, wie Männer Frauen mit lüsternen Augen betrachten und lieben: als welche Liebe heroisch genannt wird
oder Liebesschwermut.«[122] Wenn Burton von einer »heroischen
Liebe« redet, so deshalb, weil schon den Heroen, den Helden der
griechischen Mythologie – wie Ajax oder Bellerophon – nachgesagt wurde, sie seien von der Liebesschwermut befallen gewesen. An zahllosen Beispielen zeigt Burton, wie sehr die Liebe
Macht hat über die Menschen, unabhängig von Alter, Ge-
schlecht und Stand. »Was aber bei jungen Menschen eher gedul-
det werden kann, denn sie haben noch heißes Blut, das ist bei
alten Leuten lästerlich, und ist nichts widriger als ein alter
Wüstling und Narr, der den Verliebten macht. Und dennoch ist
nichts häufiger; es sind die Allerschlimmsten. Wie viele dürre,
dürftige, krumme, kahle, klägliche, dickbäuchige, butteräu-
gige, zeternde, zahnlose, lästige, lendenlahme Greise sieht man
noch immer überall herumflattern? Der eine nimmt sich ein
junges Weib, der andre eine Dirne; und wenn er kaum einen
Fuß über die Schwelle heben kann und hat bereits den andern in
Charons Kahn, das Zipperlein im Kreuz, Gicht in allen Gelen-
ken und Reißen in allen Gliedern, schnupft und hustet ständig,
die Augen trübe, und die Ohren verstopft, sein Atem stinkt,
und aller Saft ist ausgetrocknet und dahin, kaum daß er spuk-
ken kann, zum zweitenmal kindisch geworden, kann sich nicht
selber ankleiden, das Fleisch auf dem Teller nicht schneiden,
aber er träumt von Mädchen und tändelt mit Jungfern – ist etwas Unziemlicheres zu denken?«[123] So wortreich schildert Robert Burton die Verwirrungen, zu denen die Liebe anstachelt,
im übrigen nicht nur Männer: Frauen machen für ihn keine Aus-
nahme, auch sie sind von dieser »Krankheit« befallen.

122 Burton, a. a. O., S.276
123 Burton, a. a. O., S.283 f

Worin sieht Burton die Ursachen für solch ein tolles Verhalten? Als Kenner der Vier-Temperamenten-Lehre, die seit der Antike Sanguiniker, Phlegmatiker, Choleriker und Melancholiker unterschieden hat, spielt für ihn zuerst einmal eine Rolle, welchem dieser vier Temperamente der »Liebeskranke« zugeordnet werden kann. Je nachdem wird er sich in der Liebe anders verhalten. Eine ebenso wichtige Rolle spielt, wo man lebt, welche Sitten und Gebräuche, welches Klima dort herrschen, welche Speisen und Getränke man zu sich nimmt. »Die bekannteste und verbreitetste Ursache der Liebe aber ist der Anblick, der jene herrlichen Strahlen der Schönheit und Anmut ins Herz sendet. (...) Die Augen sind die Vorboten der Liebe, Anschaun tut den ersten Schritt; sie sind wie zwei Schleusen und lassen die Einflüsse jener göttlichen, mächtigen, seelraubenden und bezwingenden Schönheit eindringen, ›die schärfer ist als Dolch und Degen und tiefer ins Herz dringt und uns durch die Augen liebliche Wunden schlägt, so die Seele selber durchbohren‹. Darum ist diese erstaunliche, verwundernswerte und bewundernswürdige, liebenswerte Liebe, der kostbarste Schatz der Natur (sagt Isokrates), ihre Krone, Ruhm und Reichtum.«[124]

Woran ist nun aber der liebeskranke Melancholiker zu erkennen? Laut Robert Burton an seiner Blässe, seiner Magerkeit, seinen hohlen Augen, an seiner Zerstreutheit, seinem Hang zum Erröten und vielem mehr. »Die sichersten Schlüsse aber folgern aus den Symptomen, die sich in Gegenwart beider Liebender zeigen: ihr Reden, Blicken, wollüstiges Tun und Tuscheln verrät sie; können sich nicht beherrschen, sondern müssen küssen. Erst ein Wort, und dann ein Kuß, dann ein artiges Kompliment und wieder ein Kuß, dann eine alberne Frage, und ein Kuß; und wenn er seinen Witz ausgegeben hat und sein Hirn leer gepumpt und weiß nicht, was er weiter sagen soll, so sind Küsse und Umarmungen immer willkommen und kennen kein Ende: noch ein Kuß, noch einer und noch einer, &c.«[125] Am Verhalten der Verliebten hat sich seit Burtons Tagen offensichtlich

124 Burton, a. a. O., S. 289
125 Burton, a. a. O., S. 299

nicht allzuviel geändert. Aber das alles klingt ja beileibe nicht nach großer Schwermut, eher schon nach den Freuden der Liebe. Worin sieht Burton die Melancholie der Liebe begründet? »(…) wenn Liebende auch häufig fröhlich sind und guter Dinge, oft auch außer sich vor Entzücken, so ist Liebe doch meist eine Plage und eine Qual, eine Hölle, ein bitter-süßes Leiden, (…) schön und schlimm, immer wechselnd, immer sich wandelnd, aber doch zumeist eine Plage.«[126] Damit hat Robert Burton etwas angesprochen, das immer wieder in der Dichtung aufgegriffen wurde und wird, das Wechselspiel der Liebe, ihr Oszillieren zwischen Süßem und Bitterem, zwischen Erfüllung und Leid, das sich in den Gefühlen des Liebenden niederschlägt. Die widerspruchsvolle Gestimmtheit des Liebenden hat besonders die Dichter der deutschen Romantik beschäftigt. Als Beispiel mögen folgende Zeilen eines Gedichtes von Clemens Brentano dienen:

> Sehnsucht, Schwermut, Wehmut,
> O wie schwüle Gefühle fühle
> Ich im kleinen Herzen,
> Daß ich stolz in Demut,
> Recht im Glutgewühle
> Mir den Mut erkühle
> Und in bittern Schmerzen
> Süß kann scherzen,
> O du Liebeswiderspruch![127]

Schwüle Gefühle sieht Brentano in der Schwermut der Liebe aufkommen. Und nicht nur diesem Dichter der Romantik ging es so, auch Hermann Hesse befand in einem Gedicht *An die Melancholie*, sie sei in der Schwüle seiner Liebesnächte gewesen. Wenn in Brentanos Gedicht mehr die Süße der Liebes-Schwermut betont wurde, so in folgendem mehr ihre Bitterkeit:

> Es quält, es drückt mich, und keiner ist, der mich versteht,
> ich leide und klage vergebens…

126 Burton, a.a.O., S.300f
127 Clemens Brentano: *Nachtigall* Zitiert nach: Völker (Hg.), a.a.O., S.117

und während erfolglos mich ewig Verlangen durchweht,
entschwinden die Jahre, die besten des Lebens.

Die Liebe? ihr flücht'ger Genuß ist der Mühe nicht wert
und ewig zu lieben unmöglich.
Im Herzen wird bald jede Spur des Vergangenen verzehrt,
und Freude wie Gram ist hier kleinlich und kläglich.

Der Leidenschaft Toben, ob früher oder später, entflieht,
Verstand und Zeit bringt sie zur Stummheit –
das Leben ist, wenn man's bei kaltem Verstande besieht,
eine elende Posse voll Jammer und Dummheit.[128]

In diesen mit *Weltschmerz* überschriebenen Strophen des russi-
schen Lyrikers Michail Jur'evič Lermontov kommen unterschiedliche Aspekte der Melancholie zum Tragen, deutlich wird
aber, daß die Liebe ihre Süße verloren hat, Bitterkeit herrscht
vor. Ob nun die Süße oder die Bitterkeit der Melancholie in den
Vordergrund rückt, für Robert Burton ist – wie für viele andere
vor ihm – die Liebe eine Krankheit, eine hemmungslose Sucht.
Als Therapie empfiehlt er Bewegung, sparsame Nahrung und
als wirkungsvollstes Mittel ernste und emsige Arbeit.[129] Burtons Therapie-Vorschläge ähneln denen, die man bereits in der
Antike als Heilmittel für die Melancholie gepriesen hatte.[130]
Wenn das alles nichts nützt, hat er auch noch recht drastische
Empfehlungen parat: »(...) zureden, zuraten, abraten, drohen,
versprechen, erschrecken, einschüchtern, den kleineren Gram
durch einen größeren verjagen, (...) zum Exempel: dem Kranken sagen, ›sein Haus sei abgebrannt, sein bester Freund ge-
storben, sein Geld gestohlen‹; oder ›er habe einen hohen Posten
erhalten, eine große Erbschaft gemacht, er sei geadelt worden‹;
oder man beschuldigt ihn bitter, aber zu Unrecht, wie mans bei
denen tut, die den Schluckauf haben, damit sies vergessen. Sag
ihm, daß seine Liebste ihn betrügt, mit einem anderen geht, ihn
nicht mehr mag, nichts von ihm wissen will, daß sie eine Hure

128 Zitiert nach: Völker (Hg.), a.a.O., S.403
129 vgl. Burton, a.a.O., S.304f
130 vgl. Kapitel III.2. Melancholie als Krankheit

ist, eine üble Person, schlampig, schlurig, zänkisch, ein Teufel; oder sag, daß sie eine häßliche Krankheit hat (wies die Italiener zu tun pflegen), Gicht, Gallenstein, Bettnässen, fallende Sucht, und daß diese Krankheiten unheilbar sind und erblich obendrein; daß sie die Schwindsucht hat, Pocken, Flechte, Ausfluß; daß sie zwar keine Haare hat, aber aus dem Munde riecht und ein Spatzenhirn besitzt; und daß sie in der Familie zur Hälfte wahnsinnig sind; daß sie andere geheime Krankheiten hat, daran Frauen zu leiden pflegen, und die ich hier nicht erwähne; daß er ein Zwitter ist, oder ein Eunuch, unfähig und verschwenderisch, ein Spieler, ein Hanswurst, ein Bettler, ein Hurenknecht, verschuldet, kann nicht für sie sorgen, ein Trinker, seine Mutter war eine Hexe, seinen Vater hat man gehängt, er hat einen Wolf in der Brust, ein offenes Bein, die Lepra, er wird sie schlagen, kann sein Wasser nicht halten, schreit nachts im Traum und schlafwandelt, ersticht seine Bettgenossen, verrät alle Geheimnisse im Schlaf, und ähnliche schreckliche und tragische Dinge, denen kein lebender Mann und keine Frau widerstehen kann.«[131] Berücksichtigt man, daß Burton von 1577 bis 1640 lebte, so wird man sich nur wundern können, wie viele Gemeinsamkeiten es gibt zwischen den damaligen und den heutigen Praktiken, Keile zwischen Liebende zu treiben. Doch ganz so böse hat es Burton sicher gar nicht gemeint. Er wußte nämlich sehr gut, daß all diese Intrigen manchmal nichts fruchteten. Und so empfiehlt er als »Die letzte und beste Kur der Liebesschwermut: Laßt sie ihren Willen haben!«[132] Die letzte Zuflucht und beste Medizin sei, die Liebenden zusammenzubringen und sie einander genießen zu lassen. Doch auch dann können noch dicke Probleme entstehen. Die glücklichste Verbindung kann durch die Eifersucht in die Liebesschwermut führen. Burton weiß: »(...) von allen bitteren Tränken, die diese Krankheit uns kredenzt, ist Eifersucht der bitterste (...).«[133]

Obzwar sich Burton als Theologe und Pfarrer über die Ehe nicht aus eigener Erfahrung auslieẞ, wurde sein Buch über *Die*

131 vgl. Burton, a.a.O., S.304f
132 Burton, a.a.O., S.314
133 Burton, a.a.O., S.318

Anatomie der Melancholie schon von seinen Zeitgenossen geschätzt, seine Rezepte galten als bedenkenswert. Gegen die Eifersucht empfahl er:»Am besten ist: Müßiggang zu vermeiden, sich ernsthaft um wichtige Dinge zu kümmern und alle leeren Ängste, albernen Einbildungen, lästigen Argwohn sich aus dem Kopf zu schlagen, auf gute Freunde zu hören und zu bedenken: wie sehr man die eigene Schande auf den Markt bringt und das eigene Unglück ausposaunt, sich selber und anderen zur Last und Plage. Nur dies läßt mich noch hinzufügen, daß der Grund zur Eifersucht recht oder unrecht, wahr oder falsch sein kann, so ist er doch allemal kein so kapitales Verbrechen und sollte nicht so schwer genommen werden und nicht so tief verwunden. Ist sie ehrbar, so grämt und quält er sich um sie umsonst; ist er, um einmal den schlimmsten Fall zu setzen, ein Hahnrei, so kanns nicht mehr geändert werden; und je mehr er in seiner Wunde bohrt, desto ärger wird sie brennen. Wie viel besser in solchem Falle, sein Unglück zu verbergen und nicht zu beachten (...) Denn wozu befürchten, was man doch nicht mehr ändern kann? Gatte und Hahnrei waren zu allen Zeiten auswechselbare Namen (...).«[134] Wenn die Eifersucht sich nicht mehr besänftigen läßt oder Empfehlungen wie die von Burton keinen Trost mehr spenden, dann sehen viele Paare als Ausweg nur noch die Trennung. Doch häufig entfacht sich die Schwermut der Liebe in Momenten der Trennung und des Abschieds. Kurt Tucholsky hat das in seiner unnachahmlichen Weise in einem Gedicht eingefangen:

Aus!

Einmal müssen zwei auseinandergehn;
einmal will einer den andern nicht mehr verstehn − −
einmal gabelt sich jeder Weg − und jeder geht allein −
    wer ist daran schuld?

Es gibt keine Schuld. Es gibt nur den Ablauf der Zeit.
Solche Straßen schneiden sich in der Unendlichkeit.

134 Burton, a. a. O., S. 320 f

Jedes trägt den andern mit sich herum –
etwas bleibt immer zurück.

Einmal hat es euch zusammengespült,
ihr habt euch erhitzt, seid zusammengeschmolzen, und
dann erkühlt –
Ihr wart euer Kind. Jede Hälfte sinkt nun herab –:
ein neuer Mensch.

Jeder geht seinem kleinen Schicksal zu.
Leben ist Wandlung. Jedes Ich sucht ein Du.
Jeder sucht seine Zukunft. Und geht nun mit stockendem
Fuß,
vorwärtsgerissen vom Willen, ohne Erklärung und ohne
Gruß
in ein fernes Land.[135]

Die Melancholie der Trennung entsteht beim Blick zurück. Die
Vergangenheit, die eigene Geschichte gerinnt in der Retrospek-
tive zur Verklärung. So ist der Abschied in der ersten Empfindung ein Abgetrennt-sein-von. Die Gedanken verweilen beim
Zurückgelassenen, wodurch ein Teil von einem selbst zurückge-
lassen wird. Die Melancholie dieser Situation wird gleichsam als
ein Verlust, und zwar nicht als Verlust des anderen, sondern als
Verlust eines Teils des Ichs erlebt. Die ›Kunst des Abschiedneh-
mens‹, in der die Melancholie des Tucholsky-Gedichtes begründet liegt, stellt sich als ein Empfinden eines Schmerzes mit der
damit einhergehenden Einsicht in den Schmerz dar; der Verlust
wird angenommen, wird akzeptiert.[136]

Ein weiterer Beleg für den Zusammenhang zwischen Melancholie und Abschied findet sich in Thomas Manns Novelle *Der*

135 Kurt Tucholsky: *Aus!* In: *Gesammelte Werke* Bd.8. Reinbek bei Hamburg
1975. S.35
136 Genau diese Melancholie hat meines Erachtens Giorgio de Chirico in seinen
Melancholie-Bildern (nicht nur in denen, die den Begriff schon im Titel führen)
eingefangen; am augenfälligsten zeigt sich das in Gemälden wie *Gare Montpar-
nasse – Melancholie der Abreise*. Häufig benützt Chirico Züge als Symbol für Abschied und Trennung.

Tod in Venedig. Der alternde Gelehrte Gustav Aschenbach hat sich während eines Venedig-Aufenthaltes verliebt. Nun geht es aber, da ihm das Klima der Lagunenstadt nicht bekommt, an die Abreise. In einer Gondel fährt Aschenbach den Canal Grande am Markusplatz und den Palästen vorbei zum Bahnhof hinauf.

»Der Reisende schaute, und seine Brust war zerrissen. Die Atmosphäre der Stadt, diesen leis fauligen Geruch von Meer und Sumpf, den zu fliehen es ihn so sehr gedrängt hatte, – er atmete ihn jetzt in tiefen zärtlich schmerzlichen Zügen. War es möglich, daß er nicht gewußt, nicht bedacht hatte, wie sehr sein Herz an dem allem hing? Was heute morgen ein halbes Bedauern, ein leiser Zweifel an der Richtigkeit seines Tuns gewesen war, das wurde jetzt zum Harm, zum wirklichen Weh, zu einer Seelennot, so bitter, daß sie ihm mehrmals die Tränen in die Augen trieb, und von der er sich sagte, daß er sie unmöglich habe vorhersehen können. Was er als so schwer erträglich, ja zuweilen als völlig unleidlich empfand, war offenbar der Gedanke, daß er Venedig nie wiedersehen solle, daß dies ein Abschied für immer sei. Denn da sich zum zweiten Mal gezeigt hatte, daß die Stadt ihn krank mache, da er sie zum zweiten Male Hals über Kopf zu verlassen gezwungen war, so hatte er sie ja fortan als einen ihm unmöglichen und verbotenen Aufenthalt zu betrachten, dem er nicht gewachsen war und den wieder aufzusuchen sinnlos gewesen wäre. Ja, er empfand, daß, wenn er jetzt abreise, Scham und Trotz ihn hindern müßten, die geliebte Stadt je wiederzusehen, vor der er zweimal körperlich versagt hatte; und dieser Streitfall zwischen seelischer Neigung und körperlichem Vermögen schien dem Alternden auf einmal so schwer und wichtig, die physische Niederlage so schmählich, so um jeden Preis hintanzuhalten, daß er die leichtfertige Ergebung nicht begriff, mit welcher er gestern, ohne ernstlichen Kampf, sie zu tragen und anzuerkennen beschlossen hatte.

Unterdessen nähert sich das Dampfboot dem Bahnhof, und Schmerz und Ratlosigkeit steigen bis zur Verwirrung. Die Abreise dünkt dem Gequälten unmöglich, die Umkehr nicht minder. So ganz zerrissen betritt er die Station. Es ist sehr spät, er hat keinen Augenblick zu verlieren, wenn er den Zug erreichen will. Er will es und will es nicht.«[137]

Dem Verliebten entgleitet das realistische Abwägen des gerade Vergangenen: Ohne den wahren Grund für seinen Drang zu nennen, in Venedig zu bleiben, nämlich seine Verliebtheit, findet Aschenbach alle möglichen Für und Wider. Aschenbach gelingt der Abschied nicht, er bleibt in der ersten Trauer stecken, die eine wirkliche Entscheidung und damit reflektiertes Handeln nicht erlaubt.

Arthur Schopenhauer erklärte die Melancholie, insbesondere in ihrer krankhaften, dem Wahnsinn nahestehenden Form als eine Störung des Erinnerungsvermögens. Er schreibt:»Meistens nämlich irren die Wahnsinnigen durchaus nicht in der Kenntnis des unmittelbar *Gegenwärtigen*; sondern ihr Irrereden bezieht sich immer auf das *Abwesende* und *Vergangene* und nur dadurch auf dessen Verbindung mit dem Gegenwärtigen. Daher scheint mir ihre Krankheit besonders das *Gedächtnis* zu treffen; zwar nicht so, daß es ihnen ganz fehlte: denn viele wissen vieles auswendig und erkennen bisweilen Personen, die sie lange nicht gesehn, wieder; sondern vielmehr so, daß der Faden des Gedächtnisses zerrissen, der fortlaufende Zusammenhang desselben aufgehoben und keine gleichmäßig zusammenhängende Rückerinnerung der Vergangenheit möglich ist. Einzelne Szenen der Vergangenheit stehn richtig da, so wie die einzelne Gegenwart; aber in ihrer Rückerinnerung sind Lücken, welche sie dann mit Fiktionen ausfüllen, die entweder, stets dieselben, zu fixen Ideen werden: dann ist es fixer Wahn, Melancholie; oder jedesmal andere sind, augenblickliche Einfälle: dann heißt es Narrheit (...)«[138]

Daß die Melancholie etwas damit zu tun habe, daß und wie wir uns an Vergangenes erinnern, ist ein Gedanke, der bereits in sehr alten Schriften über die Melancholie auftaucht. Nach Aristoteles können Melancholiker ihr Gedächtnis nicht richtig kontrollieren, manchmal versagt es auch, und manchmal überkommen sie ganz unvermittelt Erinnerungen, die sie nicht mehr los

137 Thomas Mann: *Der Tod in Venedig* Frankfurt am Main 1977. S.36f
138 Arthur Schopenhauer, a.a.O., S.274f

werden.[139] Daß dieser Gedanke auch mit der Schwermut der Liebe in Verbindung gebracht werden kann, läßt sich mit einigen Auszügen aus dem Buch *Notizen zum Stand der Dinge* des polnischen Schriftstellers Andrzej Szczypiorski illustrieren. *Schreckliche Verzweiflung und süße Hoffnung* ist der Titel einer dieser Notizen. »Phantome der Erinnerung. Unvermittelte Sprünge der Erinnerung«[140], so beginnt Szczypiorskis Text, in dem er beschreibt, wie er sich beim Spaziergang durch eine Straße, die früher seinen Schulweg markierte, an eine Jugendliebe erinnert.

»Mein Herz schlug heftig. Ich lehnte mich an einen Baum. Eine Minute ungestümer, durchdringender Erinnerung. Hier habe ich mich verliebt. Hier an dieser seit Jahren gleichgültig begangenen Stelle habe ich mich schrecklich verliebt. Damals war ich zehn, vielleicht auch elf Jahre alt. Herbst, bewölkte, windige Tage. Das Mädchen etwas älter, vierzehnjährig. Sie trug einen dunkelblauen Mantel mit aschgrauem Kaninkragen, eine Baskenmütze und schwarze Schnürschuhe bis zu den Knöcheln. Ich habe nie ein Wort mit ihr gesprochen. Ich bin ihr gefolgt. Sie ging mit einer Freundin, vielleicht auch mit einer Erwachsenen. Ich stand im Tor dieses Durchgangs zum Hof und schaute zu, wie sie näherkam. Wenn ich mich richtig erinnere, war das Mädchen entsetzlich mager und blaß, mit schmalem Katzenschnäuzchen und riesigen Augen. Sie wohnte irgendwo am Ende der Hipoteczna, vielleicht in dem Haus, wo sich das Kino befand. Ich ließ sie vorbeigehen und rannte dann gebeugt im Trab los wie ein Geheimagent oder ein Indianer. Mein Herz schlug, ich war äußerst erregt und unglücklich. Sie hat mich wohl nie beachtet. Vielleicht hat sie mich sogar nie gesehen. Doch lief ich ihr gelegentlich über den Weg. Dann schritt ich ihr entgegen, hoch aufgerichtet, mit entschiedenem Blick und sieggewohntem Auge. Die beiden unterhielten sich gewöhnlich. Einmal blickte sie mich an. Ich vermute, sie blickte rein zufällig

139   vgl. Aristoteles: *De memoria et reminiscentia* II (453 a 19) sowie Klibansky, Panofsky, Saxl, a. a. O., S.83
140   Andrzej Szczypiorski: *Schreckliche Verzweiflung und süße Hoffnung* In: *Notizen zum Stand der Dinge* Zürich 1990. S.95

auf und sah mich gar nicht. Doch dann schlief ich die ganze Nacht nicht. Ich litt. Schreckliche Verzweiflung und süße Hoffnung. Ich dachte an Entführung, an gemeinsame Flucht. Ich erschlug für sie Drachen und böse Menschen. Vielleicht zündete ich sogar Städte an. Vielleicht durchschwamm ich Ozeane. Das war die große Liebe.«[141]

Auf zwei Ebenen begegnet einem in dieser bezaubernden Skizze die Melancholie. Die der Liebe des Jungen zeigt sich in einem Dazwischen-Sein, einem Flirren zwischen Hoffen und Bangen. Der Erwachsene dagegen erlebt diese Melancholie seiner Jugendtage in der Erinnerung neu, aber eben mit dem verklärenden Blick zurück. Diese Art der Erinnerung ist sicher keine genaue Rekonstruktion der Gefühle, die der Erzähler als Junge gehabt haben mag; aber das ist nicht entscheidend für den Gedanken, die Melancholie äußere sich in Störungen der Gedächtnisfunktion. Die Unmittelbarkeit und die Macht, mit der die alten Jugendszenen den Erzähler überkommen, sind in ihrer Unkontrollierbarkeit verantwortlich für das Entstehen dieser Form der Melancholie. Und diese Form kann sich eben auch in der Schwermut der Liebe aktualisieren.

In Andrzej Szczypiorskis Sätzen deutet sich ein weiterer Aspekt der Schwermut der Liebe an. Bei aller Trauer über die unerfüllte Sehnsucht ist es geradezu so, als läge genau in der Nicht-Erfüllung eine eigenwillige Schönheit, etwas Betörendes.

Wonne der Wehmut

Trocknet nicht, trocknet nicht,
Tränen der ewigen Liebe!
Ach, nur dem halbgetrockneten Auge
Wie öde, wie tot die Welt ihm erscheint!
Trocknet nicht, trocknet nicht,
Tränen unglücklicher Liebe![142]

141 Szczypiorski, a. a. O., S.95 f
142 Johann Wolfgang Goethe: *Wonne der Wehmut* In: *Goethes Gedichte in zeitlicher Reihenfolge* Frankfurt am Main 1982. S.185

So dichtete einst Goethe, dem nachgesagt werden darf, in seinem bewegten Leben einiges von der Liebe erfahren zu haben. Merkwürdig an diesen Zeilen ist, daß die unglückliche Liebe nicht bedauert, sondern geradezu ersehnt wird. Durch den Schleier der Tränen sieht die Welt anders aus als im klaren Blick der Ernüchterung. Goethe wählt lieber die Verklärung als die Ödnis der Welt. Woran liegt diese eigenartige Haltung des Verliebten, des zudem unglücklich Verliebten, den es weniger zur Erfüllung denn zum Leiden zu drängen scheint? Glaubt man der Wissenschaft und der Hirnforschung, so wirkt der Zustand des Verliebtseins wie ein Rausch auf die Menschen. Während des Verliebtseins produziert das menschliche Gehirn Stoffe, die sonst nicht dort zu finden sind, regelrechte Drogen, nach denen der Körper süchtig wird – Robert Burton hatte also vielleicht gar nicht so unrecht, wenn er die Liebe als eine hemmungslose Sucht beschrieb. Nach einem Aufenthalt im »siebten Himmel der Liebe« bekommt man Entzugserscheinungen, Ersatzstoffe müssen her (wofür meistens Süßigkeiten dienen). Doch machte man es sich zu einfach, wollte man die Liebe mit ein paar biochemischen Reaktionen in den Nervenbahnen des menschlichen Gehirns abtun, und das gilt mindestens genausosehr für die Schwermut der Liebe.

Sie könnte man vielleicht als die lyrischste Variante der Melancholie bezeichnen; wie bereits erwähnt wurde, beschäftigen sich mit ihr vor allem die Dichter. Warum? José Ortega y Gasset schreibt: »Dichtung ist (...) reine Äußerung der Liebe oder des Schmerzes. Schon die eine von diesen Grundempfindungen reicht hin, um eine Transsubstantiation der Welt herbeizuführen, um die in der Wirklichkeit schlummernden dichterischen Möglichkeiten zur Entfaltung zu bringen. Man sollte nur von der Liebe sprechen – denn was ist Schmerz schließlich anderes als verwundete Liebe, die, einen Speer in der Flanke, klagend und blutend das Weite sucht?«[143] Diese Metapher der verwundeten Liebe verweist jedoch nicht nur auf eine Flucht, in ihr

143   José Ortega y Gasset: *Azorín oder Reize des Alltäglichen* In: *Gesammelte Werke* Bd. I. Stuttgart 1978. S. 129

schwingt eine weitere Ursache für die Melancholie mit, nämlich die Sehnsucht. Paul Verlaine reimte:

Es weint mir tief im Herzen,
wies regnet auf die Stadt.
Was sinds für Sehnsuchtsschmerzen,
die dringen bis zum Herzen?

O sanfter Rieselregen
auf Dächer und aufs Land!
Wem träumst du, Herz, entgegen?
O Singsang aus dem Regen!

Es weint ganz ohne Grund
im überdrüssigen Herzen.
Wie? Niemand trog dich? Und
der Schmerz ist ohne Grund?

Am schlimmsten ists: nicht wissen
weshalb man sich so quält.
Den Haß, die Liebe missen –
dies hat mein Herz zerrissen![144]

Die Sehnsucht wird hier zur Sehnsucht nach der Sehnsucht, zur Sehnsucht nach echten, tiefen Gefühlen. Die Abwesenheit dieser Gefühle erzeugt die Schwermut. Bei der Lektüre Burtons kann leicht der Eindruck entstehen, die Schwermut der Liebe habe nur etwas mit der aufkommenden Liebe, der Zeit gesteigerter Sehnsucht, der Verliebtheit zu tun. Sicher sind die von Burton beschriebenen Symptome gerade in diesen Zeiten besonders ausgeprägt. Alte Menschen können sich wohl nicht minder heftig verlieben als junge, gleichwohl sieht man es den jungen Menschen deutlicher an. Gerade die Pubertät ist ja das Lebensalter, in dem erstmals Erfahrungen mit der Liebe gemacht werden. Da läßt sich die Heftigkeit, mit der die Gefühle

144 Zitiert nach: Völker (Hg.), a. a. O., S.420

einen überwältigen, nicht vertuschen. Im Alter jedoch bekommt die Schwermut der Liebe einen weiteren Aspekt, der das Gefüge verändert und zuspitzt: Die Rede ist davon, daß der Tod zwischen die Liebenden tritt.

»Fermina Daza schmeckte gerade in der Küche die Suppe für das Abendessen ab, als sie den Entsetzensschrei von Digna Pardo, die Aufregung beim Personal und gleich auch die Nachbarn hörte. Sie warf den Probierlöffel weg und versuchte, so gut es mit dem unbesiegbaren Gewicht des Alters ging, zu rennen, und schrie wie eine Irre, ohne zu wissen, was unter dem Laubdach des Mangos geschah, und ihr Herz zersprang, als sie ihren Mann sah. Er lag auf dem Rücken, hingestreckt, im Schlamm, schon tot im Leben, wich jedoch noch für eine letzte Minute dem endgültigen Schlag des Todes aus, um ihr Zeit zu geben. Es gelang ihm noch, sie im Tumult zu erkennen, durch die Tränen des einmaligen Schmerzes, ohne sie sterben zu müssen, und er sah sie zum letzten Mal für immer und ewig an, mit Augen so licht, so traurig und so dankbar, wie sie in einem halben Jahrhundert gemeinsamen Lebens sie nie an ihm gesehen hatte, und mit letztem Atem sagte er zu ihr: ›Nur Gott weiß, wie sehr ich dich geliebt habe.‹«[145]

Der kolumbianische Schriftsteller Gabriel García Márquez hat in dieser Szene aus seinem Roman *Die Liebe in den Zeiten der Cholera* einige Momente der Schwermut der Liebe wie auch grundsätzlich der Melancholie berührt, insbesondere die Vergänglichkeit des Lebens wie der Liebe. Das Bedrückende, die große Bitterkeit dieser Szene liegt in der Tatsache, daß die Liebe nicht über die Einsamkeit des Todes siegt. Auch wenn man ein Leben lang alles miteinander teilt, im Tod ist jeder allein. Dagegen könnte das Schicksal großer Liebespaare der Weltliteratur gehalten werden, Romeo und Julia, Tristan und Isolde, und dagegen könnte das Argument gewandt werden, der gemeinsame Liebestod sei der Stoff, aus dem wirklich große Tragödien sind. Doch Márquez liegt mit seiner Schilderung sicher nicht nur dem näher, was die meisten Menschen selber

145 Gabriel García Márquez: *Die Liebe in den Zeiten der Cholera* Köln 1987. S.69f

erleben. Vielleicht ist es letztlich und im Kern tragischer, daß die Menschen, auch wenn sie lieben, an ihrem Ende allein und in abgrundtiefer Einsamkeit sind.

Den Abgrund der Einsamkeit sieht Georges Bataille in der Sexualität aufklaffen, und zwar in dem Moment der Nicht-Erfüllung in der Erfüllung. Die erotische Erfahrung, deren Obsessionen der Essayist und Schriftsteller Bataille in Erzählungen einfing[146], ist für ihn eine Grenzerfahrung von mystischer Tragweite. Das Überschreiten aller Tabus im Exzeß, die Ekstase äußerster Lust und äußersten Schmerzes wirft die Menschen jeweils auf sich selbst zurück – und bringt sie eben nicht zusammen.

Sein Gedicht *Melancholie* läßt Giuseppe Ungaretti, einer der wichtigsten italienischen Dichter der Moderne, zwischen den Polen Verlangen und Tod pendeln:

Trauer hinsinkend dem Körper entlang,
den sein Schicksal fesselt.

Hinsinkend Preisgabe nächtlich
von Köpern auf voller Seele ergriffen
im großen Schweigen,
das nicht die Augen anschauen,
doch eine Angst.

Preisgabe sanft von Körpern
bitter beschwert,
Lippen geronnen
im Aufdruck entfernter Lippen,
grausame Lust erloschener Körper
in unstillbarem Verlangen.

Welt –

Atemlos staunen
in rasender Fahrt
Augensterne liebestrunken.

146   Georges Bataille: *Das obszöne Werk* Reinbek bei Hamburg 1977

Fahrt, die in Rauch aufgeht
zugleich mit dem Schlaf
und wenn sie dem Tod begegnet,
wahrhaftiger Schlaf wird.[147]

Die Einsamkeit ist allerdings nicht nur eine Erfahrung im Anblick und Augenblick des Todes. In der Schwermut der Liebe
kommt womöglich eine Form der Melancholie zur Geltung, die
etwas mit der menschlichen Kommunikation zu tun hat. Auf
der einen Seite gelingt der Austausch zwischen den Menschen
zweifelsohne, schließlich funktioniert das Leben in äußerst
komplexen gesellschaftlichen Systemen auf der Basis gelingen-
der Kommunikation. Gleichzeitig wurde jedoch schon immer in
der Geistesgeschichte die Unmöglichkeit des Kommunizierens
zwischen Individuen thematisiert. Eine grundlegende Erfahrung des Menschen scheint es zu sein, sich letztlich, in den
tiefsten Gründen seines Wesens nicht mitteilen zu können.
Zwar kann vieles ausgetauscht werden, auf einer letzten Ebene jedoch bleiben die Menschen einander – wenn nicht gar
sich selbst – fremd. Und das gilt auch für sich liebende Partner.

Melancholie kann demzufolge auch als eine Kommunika-
tionsstörung angesehen werden, und zwar nicht als eine des alltäglichen Mißverständnisses, sondern als Offenbarwerden, daß
Menschen einander prinzipiell fremd sind und sich im Kern
nicht verstehen können. Der Beobachter solch einer Situation
wird melancholisch gestimmt, wie zum Beispiel der Leser von
Elias Canettis *Die Blendung*. Mit diesem Roman hat Canetti
vielleicht einen gewichtigen Einwand gegen Wittgenstein und
seine Ablehnung des ›Privatsprachenargumentes‹ entwickelt.
Alle Hauptfiguren sprechen nichts anderes als private Sprachen, die zwar auf dieselben Vorgehensweisen bei der Lautbil-
dung zurückgreifen und daher als gleiche Sprachen erscheinen,
im Grunde aber denkbar weit auseinanderfallen.– Die Unmöglichkeit von Kommunikation wird im übrigen nicht nur von

147   Giuseppe Ungaretti: a. a. O., S.69

Erwachsenen erlebt, vielleicht von ihnen, die sie ihr Sprechen in Konventionen eingeübt haben, noch am wenigsten. Kinder und insbesondere Jugendliche, Pubertierende fühlen sich häufig in eine Welt des totalen Unverständnisses geworfen. Vielleicht ist ihr Aufbegehren gegen die Erwachsenenwelt auch dadurch zu erklären, daß sie die Konventionen, die diese Melancholie gemeinhin überdecken, nicht annehmen wollen.

Die grundsätzliche Schwierigkeit der Kommunikation, das fundamentale Einander-Fremdbleiben der Menschen und die Unmöglichkeit, die eigene Melancholie einem anderen zu vermitteln, griff Friedrich Halm im 19. Jahrhundert in den ersten beiden Strophen seines Gedichtes *Schwermut* auf:

Ich kann es euch nicht sagen,
Was dieses Herz bewegt,
Ihr könnt' es nicht verstehen,
Warum's so heftig schlägt.

Denn könnte ich es sagen,
So wär' ich so wie ihr,
Und könntet ihr's verstehen,
So wär' euch, so wie mir.[148]

Einer der Gelehrten, die trotz aller Schwierigkeiten, über Melancholie zu reden, versucht haben, die Schwermut der Liebe zu beschreiben, war Robert Burton. Und vielleicht ist sein Werk bislang in gewisser Weise unübertroffen geblieben. Seinem Buch *Die Anatomie der Melancholie* stellte er ein Gedicht voran, in dem er die beiden Seiten der Schwermut und der Melancholie der Liebe aufzeigte.

Mich dünkt, ich umwerbe, mich dünkt, ich küsse, mich dünkt, ich umarme jetzt meine Geliebte. O gesegnete Tage, o süße Wonne, im Paradies vergeht mir die Zeit. Solche Ge-

148 Zitiert nach: Völker (Hg.), a.a.O., S.154

danken mögen weiterhin meine Vorstellungskraft bewegen, so möge ich immer Liebe fühlen. Alle meine Freuden sind im Vergleich dazu Torheit, keine ist so süß wie Melancholie.

Wenn ich die mannigfachen Schrecken der Liebe überschlage, meine Seufzer und Tränen, meine durchwachten Nächte, meine Anfälle von Eifersucht – o mein hartes Los! ich bereue nun, aber es ist zu spät. Keine Qual ist so schlimm wie die Liebe, keine kann sich als so schmerzlich für meine Seele erweisen. Alle meine Schmerzen sind im Vergleich dazu Freuden, nichts ist so hart wie die Melancholie.[149]

4. Melancholie als Genialität

Vom Genie zu reden ist in den letzten Jahrzehnten aus der Mode gekommen; heutzutage werden Tests veranstaltet, um zu vermeintlich objektiven Kriterien für das Messen von Intelligenz zu gelangen. Gleichwohl wirken in der aktuellen Diskussion um Eliteschulen und um Hochbegabtenförderung alte Genie-Auffassungen nach. Doch in diesen Debatten ist eine lange Tradition der Kulturgeschichte augenscheinlich nicht mehr präsent: die Verbindung von Genie- und Melancholie-Begriff. Wie ist sie entstanden?

»Warum sind alle hervorragenden Männer, ob Philosophen, Staatsmänner, Dichter oder Künstler, offenbar Melancholiker gewesen?«[150] wird zu Beginn eines Textes der Antike gefragt,

---

149 Robert Burton: *Des Autors Melancholie-Abriß, in Rede und Widerrede* Zitiert nach: Völker (Hg.), a.a.O., S.333
150 Aristoteles: *Problem XXX,1* Zitiert nach: Klibansky, Panofsky, Saxl, a.a.O., S.59

für dessen Verfasser im allgemeinen Aristoteles gehalten wird oder doch zumindest einer der Schüler des Aristoteles. Auf diese Frage geht ein Streit zurück, der die Gemüter über Jahrhunderte hinweg bewegte: die Diskussion, ob es zum Genie gehöre, Melancholiker zu sein. Um zu begreifen, wie Aristoteles auf diesen Gedanken gekommen war, alle hervorragenden Männer seien Melancholiker, müssen zwei Gedankengänge in der Geistesgeschichte der Antike nachvollzogen werden, nämlich zum einen die Entwicklung der Lehre von den vier Körpersäften und den vier Temperamenten, zum andern Platons Lehre von der Mania, dem göttlich inspirierten Wahnsinn.»(...) nun aber entstehen uns die größten Güter aus einem Wahnsinn, der jedoch durch göttliche Gunst verliehen wird«[151], schreibt Platon. Für ihn sind also gerade die besonderen menschlichen Leistungen sozusagen Wahnsinns-Taten, die sich aus göttlicher Inspiration herleiten. Das hatte allerdings für Platon nichts mit Melancholie zu tun, die Melancholiker hat er nicht sonderlich hochgeschätzt.[152] Dabei waren sie zu seinen Lebzeiten schon längst ein wichtiger Untersuchungsgegenstand griechischer Gelehrter.»Erst auf dem Boden der Aristotelischen Naturphilosophie vollzog sich die Vereinigung zwischen dem ursprünglich rein medizinischen Begriff der Melancholie und der Platonischen Konzeption der Mania. Ihren Ausdruck fand diese Vereinigung in der für das griechische Denken paradoxen These, daß nicht nur die tragischen Heroen wie Ajax, Herakles und Bellerophon, sondern überhaupt alle Männer von überragender Bedeutung, sei es auf dem Gebiet der Künste, der Dichtung, der Philosophie oder der Staatskunst, ja sogar daß Sokrates und Platon Melancholiker gewesen seien.«[153] So markieren Klibansky, Panofsky und Saxl den aristotelischen Wendepunkt in der Geschichte des Melancholie-Begriffes.

Ihre Studie *Saturn und Melancholie* ist eines der wichtigsten und umfassendsten wissenschaftlichen Werke unserer Tage über die Melancholie und ihre Bedeutung für Naturphilosophie,

151 Platon: *Phaidros* 244a. In: *Sämtliche Werke* Bd.4. Hamburg 1986. S.25
152 vgl. Klibansky, Panofsky, Saxl, a.a.O., S.57
153 Klibansky, Panofsky, Saxl, a.a.O., S.57f

Medizin, Religion und Kunst. Insbesondere die Entstehungsgeschichte des Begriffes wie dann seine Entwicklung bis in die Renaissance hinein beschreiben Klibansky, Panofsky und Saxl ungeheuer detailreich und mit großer Gelehrtheit. Das Schicksal dieses Werkes könnte melancholisch stimmen: In den Wirren des zweiten Weltkrieges wurde der erste Drucksatz des Buches zerstört; die von Hamburg nach England emigrierten Autoren publizierten 1964 eine englische Übersetzung. Erst 1990, rund fünfzig Jahre nach seiner Entstehung, wurde das Werk auf deutsch veröffentlicht.

In dieser Ausgabe wird eine Übersetzung jenes Aristoteles-Textes wiedergegeben, auf den die Verbindung des Genie-Begriffes mit dem der Melancholie zurückgeht. Darin führt Aristoteles die unterschiedlichen Auswirkungen der Melancholie, der schwarzen Galle, auf die Menschen darauf zurück, daß die schwarze Galle nicht in jedem Melancholiker die gleiche Temperatur hat und nicht in derselben Menge vorkommt: »So kann auch die schwarze Galle – die von Natur aus, und nicht nur oberflächlich betrachtet, kalt ist – (...) wenn sie im Körper das rechte Maß überschreitet, Schlagflüsse, Lähmungen, Depressionen oder Angstzustände hervorrufen. Wird sie aber übermäßig erwärmt, bewirkt sie übersteigerte Hochgefühle und Sangesfreude, Ekstasen, Aufbrechen von Wunden und anderes dergleichen. Bei den meisten Menschen bewirkt die durch die tägliche Nahrung entstehende Galle keine Veränderung des Charakters, sondern ruft nur im Körper einen entsprechenden schwarzgalligen Krankheitsanfall hervor. Unter denjenigen aber, die von Natur aus ein solches Temperament besitzen, zeigt sich sogleich große Mannigfaltigkeit von Charakteren, verschieden je nach Art der Mischung.«[154] Bevor sich der Leser jetzt fragt, wie es denn um seine schwarze Galle bestellt sei, muß nochmals klargestellt werden: Die schwarze Galle gibt es nicht. Von den vier Körpersäften, die die antiken Mediziner annahmen, gibt es nur drei, nämlich das Blut, den Schleim und die gelbe Galle, die schwarze Galle dagegen taucht nicht im Körper

154 Aristoteles: *Problem XXX,1* Zitiert nach: Klibansky, Panofsky, Saxl, a.a.O., S.67

auf. Sie ist ein großer Irrtum der Ärzte, wenn auch ein folgenreicher – er sollte viele Jahrhunderte überdauern.

Wenn sich Aristoteles in den körperlichen Ursachen der Melancholie irrte, so muß das nicht heißen, daß seine Gedankengänge für uns wertlos sind. Sein Text kann fruchtbar gemacht werden, indem man mehr auf die Charakterisierungen hört, die in ihm gegeben werden. Denn insgesamt wird von Aristoteles ein Unterschied der schwarzen Galle zu den anderen Körpersäften herausgestellt: Sie ist charakterbildend. »Diejenigen jedoch, bei denen die übermäßige Wärme auf ein Mittelmaß abgeschwächt ist, die sind dann zwar Melancholiker, aber besonnener und weniger exzentrisch, in vieler Hinsicht anderen überlegen, sei es durch geistige Bildung, sei es durch künstlerische Begabung, sei es durch staatsmännische Fähigkeit.«[155] Hinter diesen Sätzen steckt wieder der Gedanke, daß Melancholiker – nicht alle, aber doch einige bestimmte Typen – ganz besondere, herausragende Menschen sind. Ansonsten aber kann die Melancholie entweder zu Krankheiten oder zu Überreaktionen führen. Klibansky, Panofsky und Saxl notieren: »Auch der geniale Melancholiker wandelt auf einem schmalen Grat zwischen zwei Abgründen; wenn er sich nicht in acht nimmt, verfällt er, wie es ausdrücklich heißt, leicht den melancholischen Erkrankungen, wird heimgesucht von starken Depressionen (...), von Angstzuständen oder umgekehrt von Anwandlungen der Tollkühnheit.«[156]

Im aristotelischen Denken spielt der Begriff der Mitte eine entscheidende Rolle, und nur über ihn läßt sich die Auffassung der Melancholie erschließen, die sich laut Aristoteles positiv auswirken kann. Die Mitte ist, verkürzt gesagt, das Merkmal tugendhaften Handelns. Das griechische Wort ›areté‹ wird meistens mit ›Tugend‹ übersetzt. Manche Übersetzer sprechen auch von ›Tüchtigkeit‹. Ursprünglich bedeutet ›areté‹ so viel wie ›Leistungsfähigkeit, sittliche Eigenschaft, Rechtschaffenheit‹. Beim Wort ›Tugend‹ geht es also nicht um die tugendhafte

155 Aristoteles: *Problem XXX,1* Zitiert nach: Klibansky, Panofsky, Saxl, a.a.O., S.68f
156 Klibansky, Panofsky, Saxl, a.a.O., S.80

Jungfrau oder um preußische Tugenden wie Ordnungsliebe oder Pünktlichkeit. Vielmehr ist Kompetenz im Handeln damit gemeint. Tugend ist also nicht irgendetwas Abstraktes, rein Theoretisches, sondern mit dem Handeln, mit Praxis verbunden. Die seelischen Güter oder auch ethischen Tugenden sind die Weisheit, die Gerechtigkeit, die Tapferkeit und die Besonnenheit. Daß jemand weise, gerecht, besonnen oder tapfer ist, wird oft als Charakterisierung aufgefaßt. Doch sind das nach Aristoteles nicht nur Eigenschaften, sondern eben auch Handlungsweisen. Ein Mensch kann nicht nur so sein, sondern soll auch weise, gerecht, besonnen oder tapfer, eben der Tugend gemäß handeln. Der Tugend gemäß zu handeln, das ist für Aristoteles immer ein Handeln der Mitte. Er sagt:»Als erste Erkenntnis nun ist festzuhalten die, daß alles was irgendwie einen Wert darstellt, seiner Natur nach durch ein Zuviel oder Zuwenig zerstört werden kann.«[157]

Ein Handeln der Mitte ist folglich nicht mit Mittelmäßigkeit zu verwechseln, sondern es zeichnet sich durch Angemessenheit aus. Um das mit einem Beispiel zu verdeutlichen: Die Tapferkeit ist für Aristoteles eine Mitte zwischen Draufgängertum und Feigheit. Daß der Feigling nicht tapfer ist, versteht sich von selbst. Zu begreifen, daß der Draufgänger nicht tapfer ist, fällt nicht ganz so leicht. Von Draufgängern wird oft gesagt, sie kennten keine Furcht, keine Angst. Tapfer in Aristoteles' Sinn ist aber nur jemand, der die Furcht überwindet.»Der Tapfere nun ist unerschrocken im Rahmen seiner Menschennatur. Angst wird er gewiß auch vor dem haben, was menschliches Vermögen nicht übersteigt, aber er wird es so bestehen, wie es erwartet werden darf (...) Wer nun Standhaftigkeit und Furcht beim richtigen Anlaß, aus dem richtigen Grund, in der richtigen Weise und zur richtigen Zeit bekundet und in entsprechendem Sinne Zuversicht – der ist tapfer, denn der Tapfere empfindet und handelt in einer der Sache angemessenen Weise und wie immer die (richtige) Planung anordnet.«[158] Den Dingen angemessen und situationsgerecht zu handeln, das ist ein entscheiden-

157   Aristoteles: a.a.O., 1104a 12, S.36f
158   Aristoteles: a.a.O., 1115b 20, S.72f

der Gedanke für Aristoteles' Auffassung von einer gelungenen Lebensführung. Er benützt den Ausdruck ›kairos‹, der in etwa bedeutet: ›zur rechten Zeit, am rechten Ort, im rechten Maß‹. Auch das ist gemeint mit dem »Handeln der Mitte«. Wie aber weiß der Mensch, welche Handlungsweisen einer Situation angemessen sind? Er muß es lernen. Und zwar durch Einübung, durch Gewohnheit. So wird ihm das tugendhafte Handeln, das Handeln der Mitte zu einer inneren Einstellung, zu einer Haltung. Die Lebenskunst erschließt sich also mittels der Einübung des richtigen Handelns – eine Überlegung, die kennzeichnend ist für die Ethik der Antike.[159]

Vor diesem Horizont zeichnet sich Aristoteles Melancholie-Bestimmung ab: Wenn die Melancholie nicht in ein Zuviel oder Zuwenig verfällt, also in einer Mitte ist, kann sie den Melancholiker zu hervorragenden Leistungen führen.[160] Mit den Ausführungen des Aristoteles wurde gleichsam der Nährboden bereitgestellt, auf dem lange Zeit später die Verbindungen des Genie-Gedankens mit der Melancholie erfolgten. Der Begriff ›Genie‹ taucht allerdings weder bei Aristoteles noch generell in der Antike auf, er ist eine im Kern neuzeitliche Kategorie, die man in Verbindung mit neuzeitlicher Ästhetik sehen muß.[161] Aristoteles' Text lief lange Zeit relativ unbeachtet neben den großen Melancholie-Untersuchungen her, die in der Regel die Melancholie als eine Krankheit auffaßten. Erst im ausgehenden Mittelalter, in der Renaissance wurde der Text verstärkt diskutiert und gab in diesen Interpretationen die Initialzündung für die Erörterung des später aufkommenden Genie-Begriffes. Klibansky, Panofsky und Saxl betonen: »Damit – und erst damit – hat die Neuzeit den modernen Begriff des Genies geschaffen, indem sie antike Gedanken zwar wiederaufnahm, ihnen aber einen ganz neuen Sinn gab.«[162] Der Denker, der Dichter, der

159 vgl. Pierre Hadot, a. a. O.
160 Meine Auffassung der Melancholie als Haltung knüpft in gewisser Weise an einige dieser Gedanken des Aristoteles an; vgl. Kapitel V. Melancholie als Haltung
161 vgl. Jochen Schmidt: *Die Geschichte des Genie-Gedankens in der deutschen Literatur, Philosophie und Politik 1750 – 1945* 2 Bde. Darmstadt 1985
162 Klibansky, Panofsky, Saxl, a. a. O., S.362

künstlerische Mensch der Renaissance sah sich »zwischen den Extremen einer manchmal bis zur Hybris gesteigerten Selbstbejahung und eines manchmal bis zur Verzweiflung verschärften Selbstzweifels hin- und hergerissen. Doch gerade die Erfahrung dieses Dualismus läßt ihn eine neue geistige Form entdecken, die durch diesen tragischen-heroischen Zwiespalt bestimmt ist: die geistige Form des modernen Genies.«[163] Genau das ist der Punkt, an dem die Melancholie direkt in Verbindung mit dem Genie gebracht wird: dieser Zwiespalt, in dem das Genie gesehen wurde, dieses Pendeln zwischen Selbstbejahung und Selbstzweifel, zwischen höchster Kreativität und dumpfen, dunklen Gefühlen. Wer hat diese Sichtweise als erster oder am deutlichsten formuliert? »(...) systematisch entwickelt und psychologisch konkretisiert wurde diese Vorstellung, die (...) die Selbsterfahrung ganzer Humanistengenerationen auffangen sollte, durch einen Autor (...). Es handelt sich um Marsilio Ficino (...). Marsilio ging weit über die verstreuten Bemerkungen anderer Autoren hinaus und widmete der neuen Lehre eine vollständige Monographie. Er war es, der das Bild des genialen Melancholikers recht eigentlich geformt und dem übrigen Europa, vor allem den großen Engländern des 16. und 17. Jahrhunderts vor Augen gestellt hat (...).«[164] Für Marsilio Ficino gibt es drei Gründe, die das Genie stets in der Gefahr schweben lassen, melancholisch zu werden: Als erstes wäre eine himmlische Ursache zu nennen, nämlich der Einfluß der Planeten Merkur und insbesondere Saturn. Saturn wurde schon seit alters her als Symbol für Melancholie angesehen.[165] Zu der himmlischen kommt zweitens eine natürliche Ursache hinzu: Da sich der forschende Geist nach innen kehrt, wird er der Erde immer ähnlicher, und die Erde symbolisiert hier die schwarze Galle. Drittens sieht Marsilio Ficino eine menschliche Ursache: die Lebens- und Arbeitsweise der Gelehrten, der Dichter und Künstler. Sie sind Stubenhocker, die sich einsam durch Bücherberge wühlen, und deshalb leiden sie unter der Austrocknung

163 Klibansky, Panofsky, Saxl, a. a. O., S. 358
164 Klibansky, Panofsky, Saxl, a. a. O., S. 368
165 vgl. Kapitel II. Symbole der Melancholie

des Gehirns, der Verdickung des Blutes, einer schlechten Verdauung und anderer körperlicher Unzulänglichkeiten, die die Melancholie befördern. Folgende Zeilen aus dem Gedicht *Das graue Lied* von Friedrich Theodor Vischer, der im letzten Jahrhundert in Tübingen als Professor Ästhetik lehrte, illustrieren den von Ficino verdeutlichten Aspekt der Gelehrten-Melancholie:

Warum wird mir so dumpf und düster doch,
So matt und trüb um die beengte Seele,
Wenn ich an einem grauen Nachmittag
An meinen Büchern mich vergeblich quäle –
(...)[166]

Mit Marsilio Ficino begann also die direkte Verbindung des Melancholie-Begriffes mit dem des Genies. Um nachzuerzählen, wie diese Verbindung sich mit all den Schlingpfaden weiterentwickelt hat, die sie nach Ficino in der Geistesgeschichte gegangen ist, würde wohl ein Forscherleben nicht ausreichen. Und so kann ich auch nur einigen wenigen Spuren folgen. Eine dieser Spuren, und nicht die schmalste, führt in das England des 16. und 17. Jahrhunderts. Dort ging man mit besonderem Eifer dem Pfade der Melancholie nach. Folgendermaßen beschreibt Timothy Bright in seiner 1586 erschienenen Monographie den Melancholiker: »... kalt und trocken, von schwärzlich dunkler Farbe; von Natur zur Härte neigend, dünn, wenig fleischig ... Er hat ein ziemlich gutes Gedächtnis, wenn es nicht durch Phantasmagorien gestört ist. Er hat ausgesprochene Meinungen, von denen er sich nicht leicht abbringen läßt. Er ist ein Zweifler und überlegt lange. Mißtrauisch, sorgsamer Arbeiter, umsichtig, kann er unter schrecklichen Träumen leiden. In seinen Zuneigungen ist immer etwas Trauriges und Furchtsames; ist er einmal ärgerlich, bleibt er lange so, es ist schwer, ihn zu versöhnen. Neidisch und eifersüchtig ergreift er Gelegenheiten gern am falschen Ende, er ist über alle Maßen leidenschaftlich.

166 Zitiert nach: Völker (Hg.), a.a.O., S.140

So an Herz und Hirn beschaffen, neigt er zu Einsamkeit, zur Trauer und zum Weinen ..., zum Seufzen, Schluchzen, Lamentieren; sein Ausdruck ist trübe und niedergeschlagen, er errötet leicht und ist schüchtern. Sein Gang ist langsam, leise, teilnahmslos, er hat etwas Licht- und Menschenscheues, am liebsten ist er in der Verborgenheit für sich.«[167]

Ein solcher Mensch ist schwer zu verstehen, er erzeugt Befremden. Und dieses Befremden der Mitmenschen drückt sich darin aus, daß sie über das licht- und menschenscheue Gesindel spotten und es ablehnen, es zu Außenseitern stempeln. Oft wurde den Genies auch eine besondere Nähe zum Wahnsinn nachgesagt, ja, dieser vermeintliche Zusammenhang zwischen Genie und Wahnsinn ist fast sprichwörtlich geworden. Daß beide Worte immer noch gerne kurz hintereinander aus einem Munde fließen, ist sicher die Spätfolge einer langen Tradition und Diskussion der Geistesgeschichte. Wie erklärt sich die Nähe zwischen der Rede von »Genie und Wahnsinn« und der Verbindung zwischen Genie und Melancholie? Wie bereits gezeigt wurde[168], rankt sich ein wichtiger Interpretationsstrang in der Begriffsgeschichte der Melancholie um die Auffassung der Melancholie als Krankheit. Und innerhalb dieser Auffassung wurde die Melancholie häufig als eine Geisteskrankheit, als Wahnsinn angesehen. Margot und Rudolf Wittkower halten in ihrem Buch über *Künstler – Außenseiter der Gesellschaft* fest: »(...) seit den nachmittelalterlichen Zeiten ist die Vorstellung nie mehr ganz verschwunden, daß künstlerische Begabung und ›Genie‹ meist mit Persönlichkeitstypen verbunden sind, die zu seelischen Störungen neigen.«[169]

Was schon bei Aristoteles anklang, nämlich daß das melancholische Genie eine Gratwanderung zu vollziehen hat, deren Abgründe Krankheit und Überspanntheit heißen, das bleibt also weiterhin bestehen: Der hochbegabte Melancholiker steht

---

167 Timothy Bright: *A Treatise of Melancholy* Kapitel XX. London 1586. Zitiert nach: Margot und Rudolf Wittkower: *Künstler – Außenseiter der Gesellschaft* Stuttgart 1989. S. 123 f
168 vgl. Kapitel III.2. Melancholie als Krankheit
169 M. u. R. Wittkower, a. a. O., S. 116

immer in der Gefahr, abzustürzen. »Wo aber Gefahr ist, wächst das Rettende auch«[170], hoffte Hölderlin, der sich selbst vor dem Wahnsinn allerdings nicht retten konnte. Die Melancholie wurde – wofür Hölderlins Satz stehen mag – nämlich nicht nur als des Genies größte Gefährdung angesehen, sondern auch als Geburtshelfer von Kreativität und großen Leistungen.

> Komm, Königin erhabner weiser Gedanken,
> Du Schwester ernster Phantasie!
> Du Wächterin des philosophischen Kranken,
> Komm, heilige Melancholie![171]

Johann Jakob Guoth (1743 – 1766) beschwört in diesem Vers die Melancholie regelrecht herbei. Sie ist hier als der Ursprung und die Bedingung von Geistesgröße angesprochen. Zwar ist noch von Krankheit die Rede, nicht aber mehr von einer körperlichen und auch nicht von einer psychischen, sondern einer philosophischen Krankheit – das Leiden des Menschen an seiner Unfähigkeit, zu den tiefsten Erkenntnisgründen vorzudringen, ist mit dieser philosophischen Krankheit gemeint. Die Melancholie ist jedoch nicht mehr die Ursache dieser Krankheit, sondern womöglich ihr Heilmittel, zumindest aber ein Trost. In Guoths Gedicht wird die Melancholie als »Königin erhabener, weiser Gedanken« bezeichnet. Auch für Immanuel Kant hatte die Melancholie etwas mit der Erhabenheit zu tun. Er schreibt über den Melancholiker: »Er hat vorzüglich ein Gefühl vor das Erhabene. Selbst die Schönheit, vor welche er eben so wohl Empfindung hat, muß ihn nicht allein reizen, sondern, indem sie ihm zugleich Bewunderung einflößt, rühren. Der Genuß der Vergnügen ist bei ihm ernsthafter, aber um deswillen nicht geringer. Alle Rührungen des Erhabenen haben mehr Bezauberndes an sich als die gaukelnden Reize des Schönen.«[172] Kant, der

170 Friedrich Hölderlin: *Patmos* In: *Sämtliche Werke und Briefe* Bd.1. Darmstadt 1989 (5). S.379
171 Johann Jakob Guoth: *An die Melancholie.* Zitiert nach: Völker (Hg.), a.a.O., S.73
172 Immanuel Kant: *Beobachtungen über das Gefühl des Schönen und Erhabenen* In: *Werkausgabe* Bd.II. Frankfurt am Main 1982. S.840

sich selbst als Melancholiker bezeichnete, nimmt eine eigenwillige Kennzeichnung des Melancholikers vor. Er ist für ihn ein ernsthafter Mensch, der sich nicht so sehr von äußeren Reizen beeindrucken läßt, denn vielmehr von tieferen Empfindungen und von tieferem Begreifen geleitet wird. Um es mit einem Wort Gustave Flauberts zu sagen:»Melancholie. – Kennzeichen hoher Herzensbildung und erhabener Geistesgröße.«[173] Gerade wegen seiner Ernsthaftigkeit kommt der Melancholiker Kants Einschätzung nach zu einer klareren Urteilskraft, denn der Melancholiker ordnet, wie Kant sagt, seine Empfindungen Grundsätzen unter.»Der Mensch von melancholischer Gemütsverfassung bekümmert sich wenig darum was andere urteilen, was sie vor gut oder vor wahr halten, er stützet sich desfalls bloß auf seine eigene Einsicht. Weil die Bewegungsgründe in ihm die Natur der Grundsätze annehmen, so ist er nicht leicht auf andere Gedanken zu bringen; seine Standhaftigkeit artet auch bisweilen in Eigensinn aus. Er sieht den Wechsel der Moden mit Gleichgültigkeit und ihren Schimmer mit Verachtung an. (...) Er hat ein hohes Gefühl von der Würde der menschlichen Natur. Er schätzet sich selbst und hält einen Mensch vor ein Geschöpf, das da Achtung verdienet. Er erduldet keine verworfene Untertänigkeit und atmet Freiheit in einem edlen Busen.«[174] Kant idealisiert den Melancholiker, gleichwohl bringt er ihn nicht direkt mit der Genialität zusammen. Genie zeichne sich durch Originalität aus, der Melancholiker aber werde aufgrund seiner charakterlichen wie sittlichen Festigkeit zu einem außergewöhnlichen Wesen. Kant weicht also von der Verbindung Genie – Melancholiker etwas ab. Der spanische Dramatiker Tirso de Molina (1571 bis 1648) dreht das Verhältnis um, nicht Genialität zieht Melancholie nach sich, sondern aus Melancholie folgt Genialität.»Alle Melancholie ist genial (...).«[175] Unter diesen Vorzeichen wird die Melancholie geradezu zum Nachweis dafür, daß einer ein Künstler oder ein Literat, eben ein kreativer Mensch ist. So nimmt es auch nicht

173 Zitiert nach: Völker (Hg.), a.a.O., S.525
174 Kant, a.a.O., S.841f
175 Zitiert nach: Jochen Schmidt, a.a.O., Bd.1, S.107

wunder, daß sich viele mit der Melancholie gleichsam schmük-
ken, sie sich wie einen Königsmantel umlegen wollten. »Groß
wird nur, wen du gelehrt entsagen«[176], wird in einem Gedicht
des 19. Jahrhunderts behauptet. Die Melancholie wird trotz ihrer Schattenseiten als wichtiges Anschubmittel für die künstlerische Leistung angesehen. Sie lehrt Entsagung – Entsagung
von den Ablenkungen der Welt, vom hohlen Gerede. Dies
münzt Justinus Kerner, der zum Dichterkreis der schwäbi-
schen Romantiker gezählt wird, in folgende Verse:

Poesie

Poesie ist tiefes Schmerzen,
Und es kommt das echte Lied
Einzig aus dem Menschenherzen,
Das ein tiefes Leid durchglüht.

Doch die höchsten Poesien
Schweigen wie der höchste Schmerz,
Nur wie Geisterschatten ziehen
Stumm sie durchs gebrochene Herz.«[177]

In Kerners Gedicht ist die Melancholie regelrecht das Funda-
ment der Dichtung, nur durch tiefes Leiden entsteht Poesie.
Und nur das letzte Schweigen, Ausdruck einer gebrochenen
Existenz, übersteigt die poetische Leistung. Dies ist in der
Treppe aus den letzten Seiten des *Sudelbuches* von Kurt Tucholsky symbolisiert. Da hinein hatte er wenige Tage vor seinem Selbstmord eine Treppe gezeichnet, deren drei Stufen vom
Sprechen über das Schreiben zum Schweigen aufsteigen.[178]
    Zurück zur Melancholie und zur Genialität: Nicht immer nur
positiv wurde diese Verbindung gewertet. Legt man die Ausführungen von Margot und Rudolf Wittkower in ihrer Studie

176 Jacob Heinrich Kautz: *An die Schwermut* Zitiert nach: Völker (Hg.),
a.a.O., S.151
177 Zitiert nach: Völker (Hg.), a.a.O., S.51
178 siehe Kurt Tucholsky, a.a.O., Bd.10, S.147

Künstler – Außenseiter der Gesellschaft zugrunde, so könnte man einen Zusammenhang vermuten zwischen dem gesellschaftlichen Künstlerbild und dem Bild vom melancholischen Künstler: In Zeiten, in denen die Individualität und Subjektivität des Künstlers hochgehalten wird, wird die Melancholie zu seinem Schmuck, zu einer seiner herausragenden Eigenschaften. Fordert jedoch die gesellschaftliche Meinung den Künstler zur Integration auf, erwartet sie von ihm, daß er sich in die Gesellschaft einpaßt, daß er sein Werk in ihren Dienst stellt und daß er sich der herrschenden Ideologie beugt, so geben sich die Künstler eher anti-melancholisch.[179]

In den osteuropäischen, kommunistischen Diktaturen konnte die Melancholie als Vorwurf gegen einen Künstler dienen, galt sie doch schlichtweg als ein Ausdruck bürgerlicher Gesinnung und als ein bourgeoises Phänomen. Aber die Diskreditierung der Melancholie als Genialität benötigte nicht die politische Argumentation, oft wurde einfach verspottet, wer den Weltschmerz zur Pose versteinerte.

Rätsel

Wie heißt das Tier voll Herzeleid,
Das immer Ach! und Jammer schreit,
Das immer nach dem Monde gafft,
Und dort sich luftge Schlösser schafft;
Das voller schwarzen Traumgesichter
Bei jedem Würmchen sich verweilt,
Und über jeden Knochen heult? -
Es heißt: Ein Elegien-Dichter!
Und nach dem Ausdruck unsrer Zeit:
Ein Dichter der Empfindsamkeit.[180]

Dieser Vers von Peter Wilhelm Hensler stammt aus dem Jahr 1777. Ein paar Jahrzehnte später empfahl der Romantiker Joseph von Eichendorff folgendes Rezept gegen die Melancholie:

179   vgl. M. u. R. Wittkower, a. a. O., S.125
180   Zitiert nach: Völker (Hg.), a. a. O., S.488

»Laßt das, die Melancholie, den Mondschein und alle den Plunder; und geht's auch manchmal wirklich schlimm, nur frisch heraus in Gottes freien Morgen und da draußen sich recht abgeschüttelt, im Gebete aus Herzensgrund.«[181] Auch wenn sie etwas von der Seichtigkeit verspotten, die die zur Modeerscheinung verkommene Melancholie kennzeichnet – hinter solchen Aussagen steckt sicher nicht die ganze Wahrheit. Ein tieferes Verständnis der Melancholie und der Genies strebte Arthur Schopenhauer an, der häufig als der Philosoph des Pessimismus und der Melancholie bezeichnet wurde. Mit seiner Schrift »Die Welt als Wille und Vorstellung« hat Schopenhauer auf die zeitgenössischen Dichter im 19. Jahrhundert – wie auch in nachfolgenden Zeiten – durchaus Einfluß ausgeübt, gerade auch hinsichtlich der Frage nach der Genialität. Schopenhauer schrieb: »Im ganzen und allgemeinen jedoch beruht die dem Genie beigegebene Melancholie darauf, daß der Wille zum Leben, von je hellerem Intellekt er sich beleuchtet findet, desto deutlicher das Elend seines Zustandes wahrnimmt.«[182] Das Genie sieht dem menschlichen Leid ins Auge, es nimmt dieses Elend überhaupt erst einmal wahr, und genau in dieser Erkenntnis liegt ein wesentlicher Unterschied des Genies zu anderen Menschen begründet. Vorausgesetzt, Schopenhauer hat recht und das menschliche Dasein ist ein Elend: Muß dann nicht das Genie völlig verbittert sein, hat es doch in seiner Einsamkeit noch nicht einmal jemanden, dem es sein Elend klagen kann? Düsterkeit herrscht in Schopenhauers Sicht nicht ständig, sie wird durch eine eigenartige Stimmung gebrochen. »So zeigt auch das meistens melancholische Genie zwischendurch die (...) nur ihm mögliche, aus der vollkommensten Objektivität des Geistes entspringende, eigentümliche Heiterkeit, die wie ein Lichterglanz auf seiner hohen Stirne schwebt: ›in tristitia hilaris, in hilaritate tristis‹.«[183]

Die Melancholie des Genies besteht für Schopenhauer folglich

181 Zitiert nach: Völker (Hg.), a.a.O., S.514
182 Arthur Schopenhauer: *Die Welt als Wille und Vorstellung II* In: *Sämtliche Werke* Bd.II. Frankfurt am Main 1989. S.494
183 »In Betrübtheit heiter, in Heiterkeit betrübt«; ebenda

– und das ist verblüffend, weil es doch so gar nicht zum Klischee des brütenden, düster-traurigen Melancholikers paßt – in einer eigentümlichen Heiterkeit. Sie steht mit der höchsten Erkenntnis, mit einer philosophischen Haltung in Verbindung. Schopenhauers heitere Melancholie unterscheidet sich zumindest in einem ganz wesentlichen Punkt von der Auffassung, die ich vertrete: Er schreibt sie dem Genie zu. Gleichwohl treffen sich beide Interpretationen darin, daß sie die Melancholie als eine philosophische Haltung verstehen.[184]

Bei Schopenhauer ist Heiterkeit offenbar ein Zwitterwesen, das unlösbar seinen einen Teil an dessen Gegenteil bindet: die Bitterkeit wird von der Heiterkeit, die Heiterkeit von der Bitterkeit begleitet. Wodurch wird das ausgelöst?»Abnormes Übergewicht der Sensibilität wird Ungleichheit der Stimmung, periodische übermäßige Heiterkeit und vorwaltende Melancholie herbeiführen.«[185] Ganz der Tradition gemäß charakterisiert Schopenhauer demnach den Melancholiker als einen weit überdurchschnittlich sensiblen, empfindsamen Menschen, der Stimmungsschwankungen ausgesetzt ist.»Aus allem diesen entspringt sehr leicht jene Überspanntheit der Stimmung, jene Heftigkeit der Affekte, jener schnelle Wechsel der Laune unter vorherrschender Melancholie, die *Goethe* uns im ›Tasso‹ vor Augen gebracht hat. Welche Vernünftigkeit, ruhige Fassung, abgeschlossene Übersicht, völlige Sicherheit und Gleichmäßigkeit des Betragens zeigt doch der wohlausgestattete Normalmensch im Vergleich mit der bald träumerischen Versunkenheit, bald leidenschaftlichen Aufregung des Genialen, dessen innere Qual der Mutterschoß unsterblicher Werke ist.«[186]

Schopenhauer erwähnt Goethes Drama *Torquato Tasso*. Dieses Theaterstück gilt als eine der wichtigsten dichterischen Darstellungen des melancholischen Genies. Torquato Tasso war ein Dichter der Spätrenaissance. Ihn macht Goethe zur Hauptfigur seines Dramas, in dem Tassos Liebe zu einer Prinzessin

184   vgl. Kapitel V. Melancholie als Haltung
185   Arthur Schopenhauer: *Parerga und Paralipomena I* In: *Sämtliche Werke* Bd.IV. Frankfurt am Main 1989. S.390
186   Schopenhauer: *Die Welt als Wille und Vorstellung* II, a.a.O., S.502 f

sowie Tassos Leiden als Genie thematisiert werden. Tasso sieht sich damit konfrontiert, daß die höfische Gesellschaft sich mit seiner Dichterkunst zwar gerne schmückt, letztlich aber alle Dichtung als weltfernes Spiel ansieht. Tasso wird ebensowenig verstanden, wie er seinerseits die Mitglieder des Hofes versteht. Er reagiert darauf mit jener Überspanntheit und Heftigkeit, die Schopenhauer so treffend als Merkmale des melancholischen Genies angeführt hat. Am Ende des Dramas, nach vielen Verwicklungen und Mißverständnissen, bleibt Tasso nur die Gewißheit, auch noch in seinem Leid gänzlich allein zu bleiben und es höchstens mit der ihm eigenen Gabe, den Mitteln der Kunst, überwinden zu können, eben dadurch, daß er ihm Ausdruck verleiht.

> Stellt sich kein edler Mann mir vor die Augen,
> Der mehr gelitten, als ich jemals litt;
> Damit ich mich mit ihm vergleichend fasse?
> Nein, alles ist dahin! – Nur eines bleibt:
> Die Träne hat uns die Natur verliehen,
> Den Schrei des Schmerzens, wenn der Mann zuletzt
> Es nicht mehr trägt – Und mir noch über alles –
> Sie ließ im Schmerz mir Melodie und Rede,
> Die tiefste Fülle meiner Not zu klagen:
> Und wenn der Mensch in seiner Qual verstummt,
> Gab mir ein Gott, zu sagen, was ich leide.[187]

So gründet die Melancholie des Genies in der Spannung zwischen dem Erliegen an dem eigenen Elend und der Möglichkeit, gerade mit den Gaben des Genies dieses Elend zu überwinden. An anderer Stelle hat Goethe auf die Frage nach der Verbindung von Genie und Melancholie mit einem Reim geantwortet, der jenes Spannungsfeld umfaßt:

> Meine Dichterglut war sehr gering,
> solang ich dem Guten entgegen ging;

187 Johann Wolfgang Goethe: *Torquato Tasso* 5.Aufzug, 5.Auftritt. Ditzingen 1991. S.95

Dagegen brannte sie lichterloh,
wenn ich vor drohendem Übel floh.

Zart Gedicht, wie Regenbogen,
Wird nur auf dunklen Grund gezogen;
Darum behagt dem Dichtergenie
Das Element der Melancholie.[188]

5. Melancholie als Stimmung
in Ländern und Zeiten

»Es gilt, einer neuen Melancholie Ausdruck zu geben: der französischen Melancholie, die sich humoristisch nennen ließe, eine nicht lästerliche Melancholie, ein vages Gefühl der Traurigkeit, in der ein Quentchen lachender Ironie mitschwingt. Shakespeare im Hamlet, Byron, Chateaubriands René sind Formen der Melancholie, die nördlicheren Ländern als dem unseren eigen sind. Sie langweilen sich in deutscher Manier.«[189] So hielten es die Brüder Goncourt im August 1855 in ihrem Journal fest.

Bemerkenswert an diesen Sätzen ist, daß darin von verschiedenen ›Melancholien‹ gehandelt wird, die entweder generell oder zumindest in einer bestimmten Zeit als typisch für einzelne Länder angesehen werden.

Die französische Variante haben die Brüder Goncourt recht treffend gekennzeichnet, für die deutsche mögen die vielen literarischen Beispiele in den vorhergegangenen Kapiteln stehen. Doch nicht Frankreich und auch nicht Deutschland werden traditionell als die Länder angesehen, in denen die landestypische Form der Melancholie am deutlichsten zutage tritt. In *Saturn und Melancholie* erläutern Raymond Klibansky, Erwin Panofsky und Fritz Saxl, wie es sich entwickelte, daß vielmehr

188 In: *Goethes Gedichte in zeitlicher Reihenfolge* Frankfurt am Main 1982. S.626
189 Zitiert nach: Klibansky, Panofsky, Saxl, a. a. O., S.13

England und Spanien stets als die ›melancholischsten‹ aller Länder angesehen wurden. »Unter dem furchtbaren Druck der religiösen Konflikte, die die zweite Hälfte des 16. Jahrhunderts erfüllten, gräbt sich der melancholische Zug nicht nur tief in das Antlitz der Dichtung ein (…), sondern bestimmt geradezu die Physiognomie der damals lebenden Menschen, wie sie uns aus den abweisend verschlossenen, herrischen und zugleich traurigen Zügen der ›manieristischen‹ Bildnisse entgegenblickt. In dieser Epoche des Übergangs machte die Schwere des seelischen Drucks die Melancholie zu einer unerbittlichen Wirklichkeit, vor der man als von einer ›grausamen Plage‹ oder einem ›melancholischen Teufel‹ zitterte und die man durch tausend Gegenmittel und Trostschriften zu bannen suchte. Noch war es der Vorstellungskraft nicht möglich, sie in einen bei aller Schmerzhaftigkeit lustvollen Zustand zu verwandeln – einen Zustand, in dem die Spannung zwischen Depression und Aufschwung, Unglücklichsein und ›Besonders-sein‹, Todesschauer und gesteigertem Lebensgefühl dem Drama, der Lyrik und der bildenden Kunst eine neue Dynamik vermitteln konnte. Diese dynamische Befreiung geschah erst im Barock. Bezeichnenderweise wurden die reichsten und tiefsten Ergebnisse in den Ländern erzielt, wo die in künstlerischer Gestaltung fruchtbar zu machende Spannung am schärfsten war: im Spanien des Cervantes, wo sich der Barock unter dem Druck eines besonders düsteren Katholizismus entwickelte, und mehr noch im England Shakespeares (…), wo er sich umringt von einem stolz zur Geltung gebrachten Protestantismus durchsetzte. Diese beiden Länder waren und blieben die eigentlichen Domänen der spezifisch modernen, bewußt gepflegten Melancholie – lange Zeit war der ›melancholische Spanier‹ so sprichwörtlich wie der ›spleenige Engländer‹.«[190]

Was hat man sich denn nun unter einem »spleenigen Engländer« vorzustellen? Insbesondere im elisabethanischen Zeitalter galten die Engländer als melancholisch. Elisabeth I. herrschte von 1560 bis zu ihrem Tod 1603 über England. An ihrem Hof und im Adel wurde die Renaissancekultur hochgehalten. Große

190   Klibansky, Panofsky, Saxl, a.a.O., S.340ff

Dichter traten auf den Plan: Christopher Marlowe, Ben Jonson und vor allen William Shakespeare. Dessen Hamlet gilt, wie ja auch in den Sätzen der Brüder Goncourt anklang, als eine der bedeutendsten melancholischen Figuren des Welttheaters. Gleich im ersten Aufzug des berühmten Dramas tut Hamlet, der Prinz von Dänemark, seine Verbitterung über die Welt kund, die dadurch entfacht wird, daß seine Mutter kurze Zeit nach dem Tod ihres Mannes dessen Bruder ehelicht.

Wie ekel, schal und flach und unersprießlich
Scheint mir das ganze Treiben dieser Welt!
Pfui! pfui darüber! 's ist ein wüster Garten,
Der auf in Samen schießt; verworfenes Unkraut
Erfüllt ihn gänzlich.[191]

Ihren Gipfel erklomm die englische Melancholie sicherlich in Robert Burtons epochalem Werk *Die Anatomie der Melancholie*, das 1621 erstmals erschien und noch zu Lebzeiten des Autors in mehreren erweiterten Auflagen publiziert wurde. Zu Burtons Zeiten tobten in Europa wüste Religionskriege. Der Gelehrte aus Oxford kommentiert:»Männer vom rechten Schlag, wohlgefügt, mit aller Sorgfalt großgezogen, tüchtig an Körper und Geist, kerngesund, werden wie lauter Vieh in der Blüte ihrer Jahre, im Stolz ihrer vollen Stärke zum Schlachtplatz geführt, ohne Skrupel und Erbarmen, dem Pluto zum Opfer gebracht, wie lauter Schafe hingemetzelt, dem Teufel zum Fraß (...). (...) diese Kriege dauern ewig, viele Menschenalter lang; nichts alltäglicher als dies Stechen und Stoßen, dies Massakrieren, Morden, Verwüsten: (...) der Himmel dröhnt wieder von dem ungeheuren Getöse.«[192] Eine Beschreibung, die die Welt in Düsterkeit sieht. Burton kritisiert nicht nur die Kriege, sondern auch die allgemeinen Verhältnisse in England aufs schärfste. Kurzerhand entwirft er, da das ganze gesellschaftliche und politische Leben ihm nicht behagt, eine neue Ordnung. Über die alte ur-

191 William Shakespeare: *Hamlet, Prinz von Dänemark* 1. Aufzug, 2. Szene. Übersetzt von August Wilhelm Schlegel. Stuttgart 1990. S.14
192 Robert Burton, a. a. O., S.51

teilt er:»Ich komme, falls das zugestanden ist, zu dem Ergebnis, daß die ganze Welt melancholisch, verrückt und aus dem Häuschen ist, und zwar in allen Teilen.«[193]

Zu Burtons Zeiten sprach man von der Melancholie als »englischer Krankheit«. Aber wohl nicht nur im 17. Jahrhundert hat man sich mit ihr infiziert. Von Lord Byron bis hin zu Prinz Charles läßt sich eine Kette prominenter Söhne Albions schmieden, die der Melancholie Tribut zollen. Und könnte es nicht sein, daß die »englische Krankheit« nunmehr wieder, in neuem Gewand auf den britischen Inseln grassiert? Vielleicht in den Vororten von Städten wie Manchester und Liverpool, in dem vom Bürgerkrieg geplagten Nordirland? Herrscht wirtschaftliche Rezession, Arbeitslosigkeit, Armut oder generelle Instabilität, so dürfte der bitteren Melancholie ein wohlig warmes Bett bereitet sein. Ihre Stunde schlägt immer zu Zeiten des Verfalls und der Vereinsamung.

Rund 15 Jahre vor Burtons *Die Anatomie der Melancholie*, 1605, erschien in Spanien ein Buch, das maßgeblich daran beteiligt ist, daß die Spanier als melancholisch angesehen werden: Miguel de Cervantes' *Don Quijote*. Die wundersamen Geschichten des Ritters von der traurigen Gestalt beschwören und persiflieren eine ganz eigenwillige Melancholie, die nicht nur etwas mit der spanischen Landschaft und der Schwermut der sommerlichen Gluthitze zu tun hat, sondern – wie Klibansky, Panofsky und Saxl vermuten – vielleicht auch etwas mit dem spanischen Katholizismus. Dieser Katholizismus war immer von größter Rigidität, was dem Gläubigen große Prüfungen auferlegte. Don Quijote ist die Figur, die aus all diesen und allen gesellschaftlichen Zwängen ausbricht und ihre Wunschträume auslebt.

Die Spanier kommen einem wie ein Dampfkessel vor, der in der Hitze brodelt. Don Quijote ist auf der einen Seite eine für Spanien untypische Figur, weil er seine Wunschträume nicht unterdrückt, sondern lebt; andererseits ist er aber als Symbol für das Ventil dieses Dampfkessels ein ureigenster Teil Spa-

193 Robert Burton: *Die Anatomie der Melancholie.* Aus dem Englischen übertragen von Ulrich Horstmann. München 1991, S.128

niens. Vielleicht hat die katholische Kirche in ihre Rituale deshalb so viele Ventile für die Menschen installiert, weil ohne sie jener Kessel platzen würde? In gewissem Sinn ließe sich die spanische Schwermut als eine Melancholie kennzeichnen, die an der Unmöglichkeit, den Katholizismus zu leben, in Brand gerät. Der Spanier bekommt zu dem Optimistischen, zur Heilserwartung des Christentums kein Verhältnis, er ist angesichts der Sinnlosigkeit des Lebens und des Todes melancholisch und beklagt somit die Gottesverlassenheit der Welt. Die rigiden Ansprüche der Kirche kollidieren mit der Leidenschaftlichkeit, dem »heißen Blut« des Spaniers; vielleicht darf die spanische Variante als eine sanguinische Melancholie bezeichnet werden. Ihren Ausdruck findet sie in der Musik des Landes. In *Granada*, einem der bekanntesten Lieder Spaniens, wird sogar die Verbindung zwischen Musik und Melancholie direkt an- und ausgesprochen:

Granada, Du Land meiner Träume,
In den Tönen des Gitanos singe ich für Dich.
Mein Gesang kommt aus der Phantasie,
Mein Lied ist eine Blume der Melancholie,
Die ich Dir darbringe.[194]

Die womöglich ureigenste spanische Musikform, der Flamenco, der zwar auf die andalusischen Zigeuner zurückgeht, doch in den Augen der Welt zu einem nationalen Phänomen geworden ist, reißt durch seine ungestüme, wilde Form der Melancholie mit. Ähnliches findet sich in der Musik der von Spanien geprägten südamerikanischen Kulturen, zum Beispiel im argentinischen Tango, der etwas von der Trauer vermittelt, die in der Leidenschaft liegt.

Einen Versuch, die spanische Melancholie zu kennzeichnen, unternimmt José Ortega y Gasset in den folgenden Sätzen: »Man stelle sich vor, die gesamte Welt sei untergegangen, und zurückgeblieben sei nur ein einziges bewußtes Wesen samt sei-

194   Übersetzung aus dem Beiblatt zur LP *Carreras, Domingo, Pavarotti in concert*, Decca 1990

nem Erinnerungsvermögen. Dann würde in jenem Bewußtsein
die gewesene Welt sich noch einmal in all ihren Einzelheiten ab-
rollen wie ein Filmstreifen. Alles zöge noch einmal vorbei, aber
blutleer, imaginär, gespenstisch. Genau so ist es mit unserem
Spanien.

Das waren meine Gedanken, während ich Azoríns ›Kastilien‹
aufgeschlagen in Händen hielt. Ein trauriges Buch! Ein sehr
schönes Buch! Welch ein Klang der Schwermut steigt doch aus
diesen Blättern auf, ein Klang, der gedämpft und bebend auf einen zukommt wie Musik, wenn sie durchs Laub eines Waldes
klingt. Das Spanien Azoríns besteht aus Dingen, die dem Tod
entgegensinken.«[195]

Die Brüder Goncourt grenzten die französische Melancholie,
die eine heiter-ironische sei, von der in nördlichen Ländern ab.
Schaut man ganz in den Norden Europas, nach Norwegen,
dann wird Melancholie dort weniger als eine Form des Geistes-
witzes erlebt, sondern in der Konfrontation des Menschen mit
der überwältigenden Größe der Natur, was in einer Musik wie
der *Peer Gynt-Suite* von Edvard Grieg anklingt. In der ›russi-
schen Seele‹ mag die Melancholie wiederum eine andere Ausprägung finden, in Dostojewskijs Romanen zum Beispiel in einer
existentialistischen Variante. Aber lassen sich typische ›Melancholien‹ nur für europäische Länder und ihre Bewohner anführen? Auch wenn die Melancholie europäischen Ursprungs ist –
zumindest als Begriff –, so wird sie doch auch andernorts zu
einer Kategorie für bestimmte Phänomene, Stimmungen und
dergleichen. In Urugay hatten die Schulkinder, nach den Eigenschaften der Charrúas, der Ureinwohner gefragt, zu antworten, sie hielten stets den Blick gesenkt und seien melancholisch.[196] Was Südamerika anbelangt, denke man nur an manche
Schilderungen der brasilianischen Indianer von Claude Lévi-
Strauss. Über die Nambikwara weiß er zu berichten, die Bezie-
hungen zwischen Mann und Frau verwiesen »auf die zwei Pole,

195 José Ortega y Gasset: *Azorín oder Reize des Alltäglichen* In: *Gesammelte
Werke* Bd. I. Stuttgart 1978. S. 125
196 Dies berichtete mir Rafael Capurro von seiner Schulzeit in den 50er Jahren.

um die ihr Leben kreist: einerseits das seßhafte, landwirtschaftliche Leben, das auf der doppelten Tätigkeit des Mannes beruht, dem Bau der Hütten und dem Gartenbau; andererseits die Periode des Nomadenlebens, in der das Überleben hauptsächlich von der Sammeltätigkeit der Frau abhängt; wobei das eine Sicherheit und alimentäre Euphorie, das andere Abenteuer und Hungersnot bedeutet. Auf diese beiden Existenzformen, der des Winters und der des Sommers, reagieren die Nambikwara auf sehr unterschiedliche Weise. Von der ersten sprechen sie mit der Melancholie, die einer bewußten und zugleich resignierten Ergebenheit in das menschliche Schicksal, der eintönigen Wiederholung immer derselben Tätigkeiten anhaftet, von der anderen dagegen mit Erregung und der Begeisterung einer Entdeckung.«[197]

In den Südstaaten der USA würde man auf der Suche nach Wirkungsstätten der Melancholie sicherlich fündig. Ihre Bühne fand sie in der Musik der Schwarzen, im Blues – im Englischen bedeutet ›Blues‹ unter anderem Schwermut – und in dessen Zögling, dem Jazz[198], sowie im Film und im Krimi. Der melancholische Raum schlechthin scheint mir für die USA in der Stadt zu liegen, und zwar dann, wenn sie als Landschaft erlebt wird. Dann stößt man wieder auf diejenigen modernen Symbole wie Weite und dergleichen, deren Strukturmerkmal die Diffusität ist. Die Stadt kann als etwas Diffuses, Ungreifbares, Unbegreifbares empfunden werden.

Aber je mehr Beispiele ich für ländertypische Melancholien aufzähle, um so mehr entsteht der Eindruck, man bräuchte nur intensiv genug zu suchen, dann werde sich schlußendlich überall Melancholie finden lassen. Das ist richtig und auch nicht. Im Falle Italiens ist es augenscheinlich nicht, wie bei England, Spanien oder Deutschland, mit der gleichen Selbstverständlichkeit und dem Recht der Evidenz möglich, von Melancholie zu reden. Sollte das Land Petrarcas und Ficinos, die in der Renaissance die Melancholie als einen entscheidenden Begriff und als We-

---

197 Claude Lévi-Strauss: *Traurige Tropen* Frankfurt am Main 1989. S.282 f
198 Für den Jazz ist Melancholie stets ein wichtiges Thema gewesen, man denke nur an die Balladen des Chet Baker.

sensmerkmal des Genies etablierten, sollte dieses Land trotz solcher Geister dem Phänomen keine Heimat geworden sein? Zwar gibt es Melancholie in den Filmen von Fellini, Antonioni und Visconti, aber das überzeugt nicht recht als Argument für eine typische italienische Melancholie. Ebensowenig wie der Umstand, daß die philosophische und heitere Melancholie[199] sich im Denken eines Gianni Vattimo oder auch eines Umberto Eco konstatieren ließe. Was bei anderen Ländern sofort einleuchtend erscheint, hier scheint es nicht zu passen. Ist die Melancholie als Spezifikum eines Landes also doch keine völlig beliebige Kategorie? Sicher läßt sich diese Länder-Melancholie nicht scharf definieren. Gleichwohl ist Melancholie nicht nur das, was situativ als melancholisch erlebt oder »konstruiert« wird. Melancholie kann nämlich nicht in jeder beliebigen Situation und an jedem beliebigen Ort erlebt werden. Wie womöglich zum Erleben der Melancholie bis zu einem gewissen Grad eine Disposition erforderlich ist, gibt es Orte, Länder, Landschaften, denen eine Disposition innewohnt, Melancholie erleben zu lassen. Im Gegensatz dazu gibt es Länder oder Landschaften, die wohl kaum melancholisch erlebt werden. Nehmen wir eine Stadtlandschaft wie New York – wohl kaum einer wird protestieren, daß sich hier mit Fug und Recht von einer melancholischen Stadt reden läßt.[200] Ähnlich steht es mit Prag oder Lissabon oder Berlin – jede hat auf ihre Weise etwas Melancholisches. Aber München, Frankfurt? Oder Pforzheim?

Auch wenn die Melancholie sich eben der klaren Abgrenzung entzieht, so ist sie nicht nur ein willkürlich feststellbares Phänomen. Wer sich über solche ländertypischen Melancholien äußert, steht ohne Zweifel in der Gefahr, ein dumpfes und undifferenziertes Gerede über »Volkscharaktere« von sich zu geben oder der Beliebigkeit anheimzufallen. Man halte es mit Ortega y Gasset: »Gerade weil die nationale Eigenheit etwas Spontanes ist, weil sie die unersetzliche Grundsubstanz eines Volkes be-

---

199   vgl. Kapitel V. Melancholie als Haltung
200   Selbstverständlich ist New York nicht nur eine melancholische Stadt, aber eben doch auch.

deutet, kann man sie nicht zur Norm machen. Normen sind stets Abstraktionen, starre, vorläufige Formeln, die niemals den Anspruch erheben können, die unbegrenzten Möglichkeiten des Seins in sich zu begreifen.«[201] Hat man die Gefahr, in die Beliebigkeit abzurutschen, vor Augen, so wird man die gebotene Vorsicht bei derlei Spekulationen an den Tag legen.

Fruchtbarer als eine totale Verallgemeinerung der Melancholie zu einem Volkscharakter ist es, sie als ein Zeitphänomen zu begreifen. Dies kann auf zweierlei Weise vonstatten gehen: Zum einen wird sie verstanden als Stimmung oder als Ausdruck einer bestimmten historischen Epoche, eines geschichtlichen Zeitabschnittes, eines Lebensgefühls in einer bestimmten Gesellschaft oder einer bestimmten gesellschaftlichen Schicht in einer bestimmten Situation an einem bestimmten Ort. Zum anderen aber hat Melancholie mit der Zeit selbst zu tun; sie ist eine Weise, den Ablauf der Zeit zu spüren, mit Vergänglichkeit umzugehen.

Letztere Interpretation ist bereits in den anfänglichen Bestimmungen der Melancholie und ihrer Symbole in der Antike angelegt. Die Melancholie wurde dem Herbst zugeordnet, der Jahreszeit, in der die Vergänglichkeit alles Irdischen am augenfälligsten ist. Beim Lebensalter sah man die Melancholie im vorletzten, dem dritten von vier Lebensabschnitten, walten; die Melancholie herrsche vor im reifen Mannesalter, der Zeit nach der Blüte und vor dem Greisentum. Die Zuordnung der Melancholie zu Tages- und Jahreszeiten wie auch Lebensphasen, wie sie in der Antike bereits unternommen wurde, hält sich durchaus in modernen Versen wie den folgenden von Georg Trakl aufrecht:

In ein altes Stammbuch

Immer wieder kehrst du Melancholie,
O Sanftmut der einsamen Seele.
Zu Ende glüht ein goldner Tag.

201 Ortega y Gasset, a. a. O., S. 144

Demutsvoll beugt sich dem Schmerz der Geduldige,
Tönend von Wohllaut und weichem Wahnsinn.
Siehe! es dämmert schon.

Wiederkehrt die Nacht und klagt ein Sterbliches
Und es leidet ein anderes mit.

Schaudernd unter herbstlichen Sternen
Neigt sich jährlich tiefer das Haupt.[202]

Was Trakl noch eher als individuelles Schicksal zeichnet, kann auch als eine grundsätzliche Bestimmung der menschlichen Existenz angesehen werden.

(...)
In diesem Leben
Ist Grab,
Diese Menschen all,
Es hat sie der Tod (...)[203]

Der Melancholische hat Otto Heinrich von Loeben das Gedicht betitelt, aus dem diese Zeilen stammen. Er deutet damit einen Zusammenhang an, der die Philosophen immer wieder beschäftigt hat: nämlich daß die Menschen unweigerlich dem Tod anheimfallen, und daß der Tod nicht erst am Ende des Lebens auftritt, sondern daß er ein jedes Leben von seinem Beginnen an schon hat. Dies ist angesprochen, wenn Seneca sagt:»Darin täuschen wir uns, daß wir den Tod immer vor uns sehen; ein großer Teil von ihm liegt schon hinter uns; die ganze Zeit, die wir bisher durchlebten, hat der Tod schon.«[204] Was Seneca, der Erzieher Neros, aussprach, hat sich über die Jahrhunderte hinweg bis heute als Thema der Philosophen gehalten, denn wenn Martin Heidegger, einer der wirkungsreichsten Denker des 20. Jahr-

202 Georg Trakl *In ein altes Stammbuch* in: *Dichtungen und Briefe* Bd.1 Salzburg 1969, S.40
203 Zitiert nach: Völker (Hg.), a.a.O., S.128
204 Seneca: *Von der Seelenruhe* Frankfurt am Main 1984

hunderts, sich über das »Sein zum Tode« Gedanken macht, knüpft er den langen Gesprächsfaden fort, der sich seit der Antike entspann.

Heidegger spricht allerdings nicht von der Melancholie, diskutiert aber ausführlich die Langeweile, die er jedoch mit einer ganz ähnlichen Symbolik verknüpft, wie sie von der Melancholie her bekannt ist: »Die tiefe Langeweile, in den Abgründen des Daseins wie ein schweigender Nebel hin- und herziehend, rückt alle Dinge, Menschen und einen selbst mit ihnen in eine merkwürdige Gleichgültigkeit zusammen. Die Langeweile offenbart das Seiende im Ganzen.«[205] Zwar muß zwischen Langeweile und Melancholie unterschieden werden, doch sind beide durchaus miteinander verwandt. Und der Zeitbezug der Melancholie wird hin und wieder auch als Langeweile thematisiert, wie in den Zeilen von Robert Hamerling:

Gelangweilt, wie berührt vom blei'rnen Pfeile
Des Überdrusses, ruhn wir all und harren:
Der Weltschmerz ist sublime Langeweile![206]

Aber in der Regel wird die Verknüpfung der Zeit mit der Melancholie über das Motiv der Vergänglichkeit vorgenommen.

Melancholie

Es ist ein schauerlich Gefühl, zu leben
Ganz ohne Ziel und Hoffnung beßrer Zeiten,
Im Arm die Laute mit zerrißnen Saiten,
So zwischen Wog' und Himmel hinzuschweben.

Soll ich mich auf ins Sternenzelt erheben?
Weh mir! mein Stern entschwand in dunkle Weiten!
Soll ich hinab denn in die Wellen gleiten?
Die Wellen – weh! sind keinem treu ergeben.

205 Martin Heidegger: *Was ist Metaphysik?* Frankfurt am Main 1981 (12). S.31
206 Robert Hamerling: *Langeweile* Zitiert nach: Völker (Hg.), a.a.O., S.164

Ich will mir denn ein eigen Ziel ersinnen,
Denn jeder Wandrer weiß, wohin er treibe,
Und jeder Schiffer, welche Welt er suche;

Der eine trachtet, Schätze zu gewinnen,
Der andre nach dem auserwählten Weibe,
Ich will denn trachten – nach dem *Leichentuche!*[207]

Der Lyriker Karl Egon Ebert (1801 – 1882) bedient sich der Bilder des Wanderers und des Schiffers, um das menschliche Suchen nach einem Ziel zu symbolisieren. Doch Äußerlichkeiten läßt Ebert als Ziel nicht gelten, am Schluß wird nur noch der Tod gesucht und – wenigstens diese Gewißheit bleibt – gefunden.

Melancholie ist demnach die Gestimmtheit, die bei der Vergegenwärtigung der Endlichkeit und der Vergänglichkeit des Lebens entsteht, oder wie es Goffredo Parise formuliert: »Die Zeit, die vergeht, macht einen schwermütig.«[208] Doch diese Gestimmtheit wird nicht erst in der philosophischen Reflexion erlebt, sondern auch bei dem Verlust des Augenblicks, will sagen: in jenen seltsam traurigen Momenten, da wir unvermittelt aus dem Sog unserer Handlungen fallen, den roten Faden, der sie durchzieht, verlieren, verdutzt anhalten, wie einer, der aus einem Traum gerissen wird, und fragen: Was war denn eigentlich? oder: Warum tue ich das eigentlich?

Das Thema »Zeit und Melancholie« ist, wie schon erwähnt, in dieser grundsätzlichen, existentiellen und philosophischen Perspektive bereits in der Antike angelegt. Wie steht es aber mit der Interpretation der Melancholie als gesellschaftliche Stimmung einer Zeit? Welche Voraussetzungen waren nötig, damit die Melancholie so interpretiert werden konnte? Klibansky, Panofsky und Saxl sehen im Spätmittelalter und der Neuzeit einen Bedeutungswandel des Melancholie-Begriffes vonstatten gehen. »So verliert in der gesamten neuzeitlichen Literatur

207 Zitiert nach: Völker (Hg.), a. a. O., S. 142
208 Goffredo Parise: *Fibel der Gefühle* Bergisch Gladbach (keine Jahresangabe)

Europas der Ausdruck ›Melancholie‹ (außerhalb wissenschaftlicher Zusammenhänge) die Bedeutung einer Eigenschaft und gewinnt statt dessen die Bedeutung einer ›Stimmung‹, die ohne weiteres auf unbelebte Dinge übertragen werden kann (...).«[209] Das wurde auf mannigfaltige Weise wirksam. In aller Kürze können nur ein paar Stränge dieser Entwicklung genannt werden. Der Historiker Alain Corbin faßt zusammen:»Das 16. und das anbrechende 17. Jahrhundert erheben die Melancholie zu einer Mode. Doch im Frankreich Ludwigs XIV. ist dieser morbide Genuß nicht mehr gefragt. Die Sanftmut der salesianischen Spiritualität, der heftige Kampf der Jesuiten gegen die *Acedia*, die Faszinationskraft der ciceronischen Lebenskunst und die am Hof sich entfaltende ›heilsame Geselligkeit‹ bieten ein wirksames Gegenmodell zu der Disharmonie von Körper und Seele, auf der die schleichende Krankheit beruht. Der französische Klassizismus entwertet das melancholische Temperament, und Molières Zuschauer amüsieren sich über den Misanthropen.«[210]

Alain Corbins Ausführungen machen deutlich, daß die Melancholie als Zeitstimmung eine recht wechselvolle Geschichte hat. Mal wurde die Melancholie zu einer Mode und diente insbesondere den Künstlern und Intellektuellen geradezu als Schmuck; mal wurde sie mißachtet und bekämpft.»Der um 1750 beginnende Ansturm der Kurgäste auf die Meeresküsten wirkt einer alten Angst entgegen. Er gehört zur Strategie des Kampfes gegen die Melancholie (...).«[211]

Gegen die Melancholie wurde immer dann gekämpft, wenn sie als Krankheit und noch dazu als gesellschaftliche Krankheit aufgefaßt wurde. Wolfram Mauser untersucht dieses Phänomen für das frühe 18. Jahrhundert:»Jede Epoche hat ihre Krankheit, d. h. die Krankheit, unter der man nicht nur leidet, deren Erscheinungsbild auch hilft, den sich verändernden Standort des Menschen im Weltzusammenhang auszumachen. Es sind jeweils bestimmte Störungen, die das ontologische Mu-

209 Klibansky, Panofsky, Saxl, a. a. O., S. 323
210 Corbin, a. a. O., S. 83 f.
211 Corbin, a. a. O., S. 83

ster einer Zeit zu erhellen versprechen. Sie beschäftigen den Menschen nicht nur in medizinischer Hinsicht, sondern auch in philosophischer. (...) Die symptomatische Krankheit des 18. Jahrhunderts war die Melancholie. Nicht deshalb, weil man so häufig von ihr (auch als Schwermut oder Hypochondrie) sprach, sondern weil sie in innerer Korrelation zur Glückseligkeitsforderung stand. Eine Zeit, die so entschieden und so nachdrücklich die Vorgänge des Alltags, aber auch das Leben im ganzen an Vorstellungen irdischer Vollkommenheit mißt, interessiert sich naturgemäß auch für das, was eintritt, wenn Glückseligkeit verfehlt wird. Man leidet im 18. Jahrhundert nicht an Melancholie, weil äußere Faktoren die Glückseligkeit verhindern, sondern eher aus dem Bewußtsein, daß es das eigene Ich ist, das der Erfüllung von Vollkommenheitsvorstellungen im Wege steht. Diese Erfahrung des Verfehlens ist ungleich schmerzhafter, als es die Folgen äußerer Hemmnisse je sein könnten. Als autonom sich wähnender Mensch zu verspüren und zu erkennen, daß der größte Feind der Glückseligkeit in einem selbst am Werk ist, kann nicht ohne Folgen für die Psyche bleiben.«[212]

Ähnliche Überlegungen werden von dem Soziologen Wolf Lepenies auf die Gesellschaft insgesamt angewandt. Er unternimmt einen Versuch, mittels des Melancholie-Begriffes das Bürgertum zu analysieren. In seinem Band *Melancholie und Gesellschaft* schreibt er: »Die Melancholie des Bürgertums, und besonders der bürgerlichen Literatur im 18. Jahrhundert, ist aber der Ausdruck einer bestimmten gesellschaftlichen Situation. Diese Melancholie gibt eine Zeittendenz wieder, die sich klar erkennen läßt, wenn man als Bezugspunkt die tatsächlichen *Machtverhältnisse* und die für die Zeit typischen *Stimmungen* wählt.«[213] Das Bürgertum hatte, so Lepenies, keine Möglich-

212 Wolfram Mauser: *Glückseligkeit und Melancholie in der deutschen Literatur des frühen 18. Jahrhunderts* In: Dietrich von Engelhardt, Horst-Jürgen Gerigk, Guido Pressler, Wolfram Schmitt (Hg.): *Melancholie in Literatur und Kunst* Reihe: *Schriften zu Psychopathologie, Kunst und Literatur* Bd.I. Hürtgenwald 1990. S.53 f
213 Wolf Lepenies, a. a. O., S.84

keit, an der Macht zu partizipieren, es blieb nur ein zurückgezogenes Leben in Privatheit und Passivität. Zudem bestanden für den größeren Teil des Kleinbürgertums kaum Möglichkeiten, die eigene wirtschaftliche Lage zu verbessern. »So wächst der Stachel der Resignation«[214], lautet Lepenies' Diagnose. Er zählt zu denjenigen, für die die Melancholie eher eine rückwärts gewandte, resignative Haltung bedeutet. Führt Melancholie zwangsläufig in die Resignation? Ist der Melancholiker stets ein passiver Mensch, der gehemmt ist, sein Schicksal in die Hand zu nehmen und an gesellschaftlichen Veränderungen mitzuwirken? Vielleicht darf Georg Büchner als Gegenbeispiel angeführt werden. Büchner schrieb von Gießen aus im März 1834 einen Brief an seine Braut:»Ich studierte die Geschichte der Revolutionen. Ich fühlte mich wie zernichtet unter dem gräßlichen Fatalismus der Geschichte. Ich finde in der Menschennatur eine entsetzliche Gleichheit, in den menschlichen Verhältnissen eine unabwendbare Gewalt, Allen und Keinem verliehen. Der Einzelne nur Schaum auf der Welle, die Größe ein bloßer Zufall, die Herrschaft des Genies ein Puppenspiel, ein lächerliches Ringen gegen ein ehernes Gesetz, es zu erkennen das Höchste, es zu beherrschen unmöglich. Es fällt mir nicht mehr ein, vor den Paradegäulen und Eckstehern der Geschichte mich zu bücken. Ich gewöhnte mein Auge ans Blut. Aber ich bin kein Guillotinenmesser. Das *muß* ist eins von den Verdammungsworten, womit der Mensch getauft worden. Der Ausspruch: es muß ja ein Ärgernis kommen, aber wehe dem, durch den es kommt, – ist schauderhaft. Was ist das, was in uns lügt, mordet, stiehlt? Ich mag dem Gedanken nicht weiter nachgehen.«[215] Dieser Brief Büchners entstand in einer Zeit, in der es gärte – politisch in Deutschland wie auch in dem jungen Medizinstudenten und angehenden Schriftsteller Büchner selbst. In Büchners Zeilen an seine Braut schwingt große Verzweiflung und Melancholie mit, Büchner sieht die Welt und die Menschen in einem düsteren Licht. Nur wenige Tage später nimmt er die Arbeit an einer

214 Lepenies, a. a. O., S. 85
215 Georg Büchner: *Werke und Briefe* a. a. O., S. 288

Schrift auf, die zu einem der wichtigsten politisch-revolutionären Texte der deutschen Geistesgeschichte werden sollte. Die Rede ist vom *Hessischen Landboten*, in dem Büchner die Obrigkeit und die staatliche Ordnung scharf angreift: »In Ordnung leben heißt hungern und geschunden werden.«[216] Im Falle Büchners zeigt sich, daß ein Leiden an der Welt, so wie sie ist, und eine melancholische Reflexion auf menschliches Grundverhalten nicht zwangsläufig zu Resignation und Passivität im politischen Handeln führen müssen. Somit darf gefragt werden, ob es nicht an der Melancholie vorbeizielt, wenn sie jemandem zum Vorwurf gemacht wird, wenn dem Melancholiker vorgehalten wird, er sei unengagiert, zurückgezogen und in sich verschlossen.

»Linke Melancholie« warf zum Beispiel der Geschichtsphilosoph Walter Benjamin einer ganzen Gruppe von Autoren in der Weimarer Republik vor. Schriftsteller wie Erich Kästner, Walter Mehring oder Kurt Tucholsky waren in Walter Benjamins Augen nicht wirklich politisch engagiert; ihren Gedichten und Texten hätten sie nur aus modischer Attitüde und affektierter Schwermut heraus ein gesellschaftskritisches Sahnehäubchen aufgesetzt. Ob diese Kritik Schriftstellern wie Kästner, Tucholsky oder Mehring wirklich gerecht wird, ist anzuzweifeln, denn gerade diese Autoren haben in den Zeitungen der Weimarer Republik mit Herz und Engagement gegen das aufkommende Unrechtsregime angeschrieben. Daß ihre Warnungen nicht befolgt wurden, das kann ihnen wohl schwerlich vorgeworfen werden.

Eine andere Sicht auf die Melancholie eröffnet Günter Grass. Er setzt sie zum Begriff der Utopie ins Verhältnis. Seinem *Tagebuch einer Schnecke* hat Grass einen Vortrag über Albrecht Dürers Kupferstich *Melencolia I* hintangestellt. Darin wie auch in dem Tagebuch berichtet er von seinen Erfahrungen bei einer Wahlkampffahrt für die SPD im Jahre 1969. Die Erfahrungen verbindet Grass mit Interpretationen zu Dürers *Melencolia I*: »Meine Kriechspur zeichnete eine Gesellschaft, an deren Rändern sich Gruppen verzweifelt extrem zu verhalten begannen:

216 Georg Büchner: *Der Hessische Landbote* In: a. a. O., S.42

resignativ oder euphorisch. Täglichen Ausbrüchen in die Utopie entsprachen Rückfälle in melancholische Klausur. Diesen Fluchtpunkten versuchte ich jene Spannung abzugewinnen, die den Menschen auferlegt zu sein scheint und – wider besseres Wissen – oft schicksalshaft genannt wird; Saturn heißt ihre antike Gottheit. Er stand der Melancholie und der Utopie vor. Von seiner Doppelherrschaft soll hier die Rede sein. Wie Melancholie und Utopie einander ausschließen. Wie sie sich wechselseitig befruchten. Von der Strecke zwischen den Fluchtpunkten. Vom Ekel nach letzter, vor neuer Erkenntnis. Von Freud und Marx, die einem Dürer zum Doppelporträt hätten sitzen müssen. Vom Überdruß im Überfluß. Vom Stillstand im Fortschritt. Und von mir, dem Melancholie und Utopie Zahl und Adler der gleichen Münze.«[217]

Für Grass läßt sich die Melancholie sehr wohl heranziehen, um politische Phänomene und Gestimmtheiten zu beschreiben. »Seit je bis heute wurde und wird das dräuende Eigengewicht des Bestehenden gegen den Fortschritt als verändernde Kraft ausgespielt. Denn wo immer Fortschritt an voreiliger Zielsetzung, utopischer Wirklichkeitsflucht oder an seinen Ansprüchen scheitert und sich nur noch lächerlich minimal mißt, triumphiert der vom ›Immerschonvorhergewußthaben‹ geprägte Konservative. Seine melancholischen Gesten wollen sagen, daß sich nichts ändern läßt, daß menschliche Mühe vergeblich bleibt, daß ein unabwägbares Schicksal waltet: menschliche Existenz als Verhängnis.«[218] Als einzige Sicherheit im Leben propagiert der Konservative laut Grass die Ordnung. Nur die Elite habe dann das Vorrecht, melancholisch zu sein – die Melancholie ist, so aufgefaßt, eine Gefährdung der Ordnung, denn »melancholisch zu sein, das heißt, sich der Ordnung und ihren Übereinkünften zu verweigern«[219].

Grass zufolge gibt es aber auch eine andere Ausprägung der Melancholie, die zwar mit dem Fortschritt zusammenhängt –

217 Günter Grass: *Tagebuch einer Schnecke* Frankfurt am Main 1980. S.286
218 Grass, a. a. O., S.292
219 Grass, a. a. O., S.293

127

der Stillstand im Fortschritt gebiert sie nämlich –, sich aber nicht gegen ihn wendet. »Wie kommt es, daß so viele, denen ich unterwegs begegnete und die, wie ich, den Stillstand im Fortschritt kennen, immer wieder ansetzen, ihr Bleigewicht aufheben und den saturnisch lastenden Wackersteinen jenen Funken abschlagen, der uns utopische Lichter setzt?

Während ich für meine Kinder und anderer Leute Kinder ein Buch schrieb, in dem der Fortschritt nach Schneckentempo bemessen wird, beschrieb ich gleichzeitig, was das Gemüt schwer macht. Ich spreche für die Melancholie (...)

Nur wer den Stillstand im Fortschritt kennt und achtet, wer schon einmal, wer mehrmals aufgegeben hat, wer auf dem leeren Schneckenhaus gesessen und die Schattenseite der Utopie bewohnt hat, kann Fortschritt ermessen.«[220] Denkt man an den Fall der Berliner Mauer, so bekommen diese Sätze von Günter Grass eine besondere Aktualität. Utopie und Melancholie scheinen sich bei den Entwicklungen in Osteuropa die Hand zu reichen. Was noch vor nicht allzulanger Zeit als Utopie galt, wird nach dem Fortschritt nun melancholisch erlebt. Noch nicht lange ist es her, da schrieb der in der DDR lebende Dichter Reiner Kunze folgende Zeilen:

Der Vogel Schmerz

Nun bin ich dreißig jahre alt
und kenne Deutschland nicht:
die grenzaxt fällt in Deutschland wald.
O land, das auseinanderbricht
im menschen...

Und alle brücken treiben pfeilerlos.

Gedicht, steig auf, flieg himmelwärts!
Steig auf, gedicht, und sei
der vogel Schmerz.«[221]

220 Grass, a. a. O., S.308
221 Reiner Kunze: *widmungen. gedichte* Bad Godesberg 1963. S.22

Die Freiheitssehnsucht schmerzt, sie drückt sich in melancholischen Versen aus. Die politische Situation hat sich mittlerweile radikal gewandelt, Reiner Kunzes Sehnsucht ist Wirklichkeit geworden. Doch diese Wirklichkeit ist nicht frei von Melancholie, sie gebiert andere Anlässe für die Schwermut.[222] Die Erfüllung der Sehnsucht, die gelebte Utopie bringt ihre eigene, neue Melancholie mit sich. Was bleibt in diesem Wandel? José Ortega y Gasset weiß es:»Geschehe, was wolle, das Quantum Melancholie im Weltall wird immer das gleiche bleiben.«[223]

222   Pascal Bruckner, ein in Paris lebender Essayist, sieht in seiner jüngsten Veröffentlichung *Die demokratische Melancholie* nach der Auflösung der Blöcke den Westen in eine resignative und satte Melancholie fallen, da es den westlichen Demokratien nun an Feinden, an Reibungsflächen und Konkurrenz fehle. Der Westen werde träge und lethargisch, und gerade dadurch gerate die Demokratie in viel größere Gefahren, als ihr je drohten. Bruckner versäumt allerdings in seinem Buch, auch nur einmal anzugeben, was er denn unter Melancholie versteht. Er benützt den Begriff – reichlich unreflektiert und unkritisch – als reines Negativum (vgl. Pascal Bruckner: *Die demokratische Melancholie* Hamburg 1991).
223   Ortega y Gasset, a.a.O., S.135

IV

DER DETEKTIV

ALS MELANCHOLISCHE FIGUR

Der Detektiv ist die literarische Figur, bei der es in der Hauptsache um Erkenntnis geht. Nicht um Erkenntnis an sich, sondern um konkrete Erkenntnis, um eine Erhellung dunkler Geschichten. Der Detektiv ›lichtet‹, er bringt Licht ins Dunkle. Warum soll er aber gerade dann etwas mit Melancholie zu tun haben, wie es die Kapitelüberschrift verspricht? Man könnte mit der Licht-Metapher weiterspielen und sagen, der Detektiv ›lichtete‹ eben die dunklen Bereiche des Lebens, das Schwarze, Düstere, Finstere, und das seien doch schon von der Symbolik her Spielplätze der Melancholie. Der Detektiv wäre gleichsam in sie hineingestellt, und leuchtete sie mit seinen das Licht der Erkenntnis ausstrahlenden Scheinwerfern ab. Wenngleich das ein Aspekt sein mag, so möchte ich es bei seiner Nennung nicht belassen. Ein wichtigerer Gedanke scheint mir zu sein, daß ein Teil der Melancholie des Detektivs durch eine ethische Frage entsteht, nämlich durch die Frage nach der Gerechtigkeit. Der Detektiv klärt zwar, wenn er seine Aufgaben erfüllt, ein Verbrechen auf, weiß aber, daß er letztlich dessen Wurzeln nicht beseitigt. Er ist melancholisch ob der Unwirksamkeit seines Handelns, er weiß, daß der wirklich Schuldige – nämlich das Böse – nicht gefaßt, bestraft, verändert oder abgeschafft wird.

Genau über diesen Konflikt haben sie alle – jeder auf seine Art, in der Weise seines Landes und seiner Zeit – getrauert, ob nun Arthur Conan Doyles Sherlock Holmes, Gilbert Keith Chestertons Father Brown, Agatha Christies Hercule Poirot und Miss Marple, Dorothy L. Sayers' Lord Peter Wimsey, Dashiell Hammetts Sam Spade, Raymond Chandlers Philip Marlowe, Georges Simenons Kommissar Maigret, Friedrich Glausers Wachtmeister Studer oder in dessen Nachfolge Friedrich Dürrenmatts Kommissär Bärlach.

Der Detektiv ist in der Literatur eine Figur, an der sich exemplarisch die Melancholie in ihrer modernen Form wie bereits im Ansatz auch die Melancholie als Haltung entwickeln läßt. Der Prototyp des Detektivs ist Sherlock Holmes, unabhängig davon, wann man den Beginn der Gattung Kriminalroman ansetzt, etwa wie die meisten Literaturgeschichten bei Wilkie Collins' *Mondstein* oder bei Edgar Allan Poes *Mord in der Rue Morgue*[224] oder wie es der italienische Schriftsteller Leonardo Sciascia sehr eigenwillig getan hat, bei der Bibel[225]. Obschon der Typus des Detektivs, den Sherlock Holmes repräsentiert, in der neueren Kriminalliteratur keine bedeutende Rolle mehr spielt, so ist er in mancherlei Hinsicht prägend für seine modernen Nachfolger.

Holmes ist ein Melancholiker, in dem sich verschiedene der in den vorigen Kapiteln angeführten Interpretationsweisen der Melancholie vereinen. Abgesehen davon, daß schon Holmes' Physiognomie durchaus den traditionellen Vorstellungen von Melancholikern entspricht, hat seine Melancholie Züge von Genialität wie auch von Krankheit, sie deutet auf Zeitstimmungen hin und verweist auf philosophische Aspekte der Schwermut. Deshalb läßt sich mit der Analyse dieser Figur für meine Zwecke viel gewinnen.

Von Holmes' Melancholie erzählt sein Chronist Watson an sehr vielen Stellen. Häufig fiel der geniale Detektiv in tiefe, düstere Depressionen, oft über Tage hinweg, in denen er nicht ansprechbar war und sich einigelte. »(...) den Ausbrüchen leidenschaftlicher Energie, wenn er die bemerkenswerten, mit seinem Namen verbundenen Taten vollbrachte, folgten Reaktionen von Lethargie, in deren Verlauf er mit seiner Violine und seinen Büchern herumzuliegen pflegte und sich kaum rührte, es sei

---

224 vgl. Julian Symons: *Am Anfang war der Mord. Eine Kultur- und Literaturgeschichte des Kriminalromans* München 1972
225 Leonardo Sciascia: *Der erste Detektiv war der Prophet Daniel. Kurze Geschichte des Kriminalromans* In: *Frankfurter Allgemeine Zeitung* Nr.191 vom 19. August 1989. – Im übrigen sieht Sciascia darin, daß die Bibel von den angelsächsischen Völkern mehr gelesen werde als von den romanischen, den Grund dafür, daß der Kriminalroman bei den Angelsachsen eine so starke Verbreitung hat.

denn vom Sofa zum Tisch.«[226] Diese Passivität und Handlungshemmung hat geradezu pathologische Züge. Doch sie reichen tiefer als eine Erschöpfungsdepression, wie sie nach Zeiten äußerster geistiger und physischer Anstrengung entstehen kann. »Das triumphale Ergebnis seiner Mühen konnte ihn nach einer so schrecklichen Anstrengung nicht vor einer Reaktion bewahren, und zu einer Zeit, als Europa von seinem Namen widerhallte und sich in seinem Zimmer buchstäblich knöcheltief Glückwunschtelegramme häuften, war er das Opfer schwärzester Depressionen. Selbst das Bewußtsein, Erfolg gehabt zu haben, wo die Polizei dreier Länder versagte, und den gewieftesten Schwindler Europas in jeder Hinsicht ausmanövriert zu haben, reichte nicht aus, sein darniederliegendes Nervensystem wieder aufzurichten.«[227] Zum einen deutet sich in diesen Phasen jene bereits angesprochene, grundsätzliche Trauer des Detektivs darüber an, trotz der Aufklärung eines Falles letztendlich nicht über das Böse zu siegen; zum anderen fällt Sherlock Holmes immer dann in dieses Loch, wenn seinem Geist die Stimulanzien fehlen. »Mein guter Watson, Sie wissen doch, wie sehr ich mich langweile, seit wir Colonel Carruthers hinter Schloß und Riegel gebracht haben. Mein Geist ist wie eine Maschine, die leerläuft und sich selbst in Stücke reißt, weil sie nicht mit dem Räderwerk gekoppelt ist, für das sie konstruiert wurde. Das Leben ist banal; die Zeitungen sind geistlos; Wagemut und Romantik scheinen auf immer aus der Welt des Verbrechens entschwunden zu sein. Wie können Sie mich da noch fragen, ob ich gewillt bin, ein neues Problem in Augenschein zu nehmen, wie trivial auch immer es am Ende sein mag.«[228] Der geniale Geist ist nur dann er selbst, ist nur dann bei sich, wenn er reizvolle Probleme zu lösen hat. Fehlt dieses intellektuelle Stimulans, greift Holmes zur Droge[229] und spritzt sich eine siebenprozentige Kokainlösung in die Venen – jedenfalls tat er

226 Arthur Conan Doyle: *Das Musgrave-Ritual* In: *Die Memoiren des Sherlock Holmes* Zürich 1985. S.114
227 Arthur Conan Doyle: *Die Junker von Reigate* In: a.a.O., S.137f
228 Arthur Conan Doyle: *Wisteria Lodge* In: *Seine Abschiedsvorstellung* Zürich 1988. S.10

das, wenn man den Analysen seines Biographen William S. Baring-Gould folgt[230], bis er etwa vierzig Jahre alt war. In diesem
ersten Lebensabschnitt neigte Holmes eher zur bitteren Melancholie.

»Was ist der Sinn von alldem, Watson?« fragt Holmes seinen
Gefährten. »Welchem Zweck dient dieser ewige Kreislauf von
Elend, Gewalt und Angst? Dies alles muß doch auf ein Ziel zu
führen, denn sonst würde unser Universum ja vom Zufall re-
giert, und das ist schlicht undenkbar. Doch was für ein Ziel?
Das ist die große, uralte, wieder und wieder gestellte Frage, von
deren Beantwortung der menschliche Geist so weit entfernt ist
wie eh und je.«[231] Holmes scheint einerseits verzweifelt zu sein
ob des Elends in der Welt, andererseits schimmert aber doch
eine gewisse Hoffnung darauf durch, daß es ein Ziel gäbe, obzwar er offenbar mehr als skeptisch ist, daß es dem Menschen
möglich sei, jenes Ziel zu erkennen. Diese Skepsis hat ihn allen
Anschein nach nie verlassen, auch wenn es in seiner Biographie
einen Wendepunkt gab.

1891 kommt es zu dem entscheidenden Kampf zwischen Holmes und dem Erzschurken Professor Moriarty an den Reichenbach-Fällen in der Schweiz – Arthur Conan Doyle ließ den
Detektiv gemeinsam mit dem Verbrechergenie in die Schlucht
stürzen, denn Doyle hatte von Holmes die Nase voll und wollte
sich lieber den literarischen Arbeiten zuwenden, die ihm viel

229 Später werden insbesondere die Helden amerikanischer Detektivgeschich-
ten einen ausgeprägten Hang zum Alkohol ausbilden – Detektive haben offenbar öfters ein besonderes Verhältnis zur Sucht. Dieser Umstand wird bei Rudolf
Langensiepen, dem Detektiv aus Jürgen Lodemanns Roman *Essen Viehofer
Platz,* Anlaß für eine Wortschöpfung: Langensiepen, ein trockener Alkoholiker
mit nachdenklichem Geist, scharfem Verstand und dunklem Gemüt, wird ›Melanchoholiker‹ genannt. (Jürgen Lodemann: *Essen Viehofer Platz oder Langen-
siepens Ende* Zürich 1985. S.337) Dies ist aber nicht nur eine Zusammenziehung
der beiden Worte ›Melancholiker‹ und ›Alkoholiker‹, der Bedeutungsumfang
weitet sich: Der ›Melanchoholiker‹ ist der, der süchtig nach der Melancholie ist.
230 vgl. William S. Baring-Gould: *Sherlock Holmes: Die Biographie des großen
Detektivs aus der Baker Street* Stuttgart 1978
231 Arthur Conan Doyle: *Die Pappschachtel* In: a.a.O., S.81. Man kann diese
Sätze auch als eine Diskussion der Letztbegründungsproblematik lesen, auf die
ich eingehe im Kapitel V. Melancholie als Haltung.

näher standen. In London trugen sogar die Börsianer Trauerflor, dem Autor und seinem Verleger schwappte eine Flut von Protestbriefen der Leser ins Haus, die sich mit Holmes' Tod nicht abfinden wollten. Drei Jahre später gab Doyle dem Druck der Straße und der Verlockung immenser finanzieller Angebote nach und ließ seinen Helden wiederauferstehen. Holmes habe sich seinerzeit beim Showdown an den Reichenbach-Fällen retten können, sich aber – um der Rache der Unterwelt zu entgehen, in Ruhe diverse Studien zu betreiben und Reisen, unter anderem durch Asien, zu unternehmen – versteckt gehalten. Der Holmes des neuen Zyklus an Geschichten tritt nun weniger bitter auf, frönt nicht mehr dem Kokain, ist humorvoller als früher, ja, er wirkt oft sogar heiter und gelassen. In Watsons Berichten finden sich zwar weiterhin Beschreibungen wie die folgende:

»Sherlock Holmes befand sich an diesem Morgen in melancholischer und philosophischer Stimmung. Seine alerte, praktisch veranlagte Natur unterlag zuzeiten solchen Reaktionen.

›Haben Sie ihn gesehen?‹ fragte er.

›Sie meinen den alten Knaben, der eben hinausgegangen ist?‹

›Genau.‹

›Ja, ich bin ihm an der Tür begegnet.‹

›Was halten Sie von ihm?‹

›Eine jämmerliche, hoffnungslose, gebrochene Kreatur.‹

›Ganz recht, Watson. Jämmerlich und hoffnungslos. Aber ist nicht das ganze Leben jämmerlich und hoffnungslos? Ist nicht die Geschichte dieses Mannes ein Mikrokosmos des Ganzen? Wir streben nach etwas. Wir greifen zu. Und was bleibt uns zuletzt in den Händen? Ein Schatten. Oder Schlimmeres noch als ein Schatten – Elend.‹«[232]

Aber Holmes nimmt diese Unerreichbarkeit des letzten Grundes offenbar nicht mehr so schwer, er kann seine im Grunde nihilistische Sicht allem Anschein nach besser ertragen als früher. Manche Holmesianer erklären diesen Wandel mit

232 Arthur Conan Doyle: *Der Farbenhändler im Ruhestand* In: *Sherlock Holmes' Buch der Fälle* Zürich 1987. S.287

den Erfahrungen, die der Meisterdetektiv auf seinen Reisen durch Asien in der Begegnung mit buddhistischen Lehren gemacht habe. Ganz fern asiatischer Weisheit ist das Credo, das Holmes abgibt, als er gerade die Fünfzig überschritten hat, jedenfalls nicht:»Das Beispiel geduldigen Leidens ist die kostbarste aller Lehren für eine ungeduldige Welt.«[233] Im Umgang mit der den Detektiven eigenen Melancholie, die mit der Frage nach der Gerechtigkeit, der Frage nach Gut und Böse aufbricht, wird Sherlock Holmes zumindest pragmatischer, wenn nicht abgeklärter:»Ich glaube, ich habe in meiner Karriere schon ein paarmal durch die Ermittlung eines Verbrechers mehr wirklichen Schaden angerichtet als dieser durch sein Verbrechen. Ich habe inzwischen gelernt, vorsichtig zu sein, und ich werde eher den englischen Gesetzen einen Streich spielen als meinem Gewissen.«[234] Holmes hat demnach zu unterscheiden gelernt zwischen juristischem und moralischem Recht, er gibt sich, um mit Max Weber zu sprechen, als ein Verantwortungsethiker zu erkennen.[235]

Ethische und anthropologische Probleme spielen generell in Krimis auf vielen Ebenen eine Rolle. Der Tod wird zum wichtigsten Thema[236]. Keine Frage, daß sich somit ein Brückenschlag zur Melancholie anbietet, ist doch der Mord eine der Spielarten des Todes, die uns dessen Absurdität am augenfälligsten vorführen. Und die Sinnlosigkeit des Todes, der der Detektiv in seiner Arbeit begegnet, ist zweifelsohne eine Ursache für

233   Arthur Conan Doyle: *Die verschleierte Mieterin* In: a. a. O., S.263
234   Arthur Conan Doyle: *Abbey Grange* In: *Die Rückkehr des Sherlock Holmes* Zürich 1985. S.342
235   Ein Gesinnungsethiker, zum Beispiel ein religiöser Fundamentalist, hält ungeachtet situativer Erfordernisse an einem einmal gefaßten Grundsatz unter allen Umständen fest. Im Gegensatz dazu mißt der Verantwortungsethiker Handlungen an ihren möglichen Folgen und berücksichtigt die Erfordernisse der jeweiligen Umstände, was nicht heißt, daß er keine ethischen Maßstäbe hat (vgl. Max Weber: *Der Beruf zur Politik* In: *Soziologie. Universalgeschichtliche Analysen. Politik* Stuttgart 1973 [5]. S.175ff).
236   Der Autor S.S. van Dine hat zehn Regeln für das Verfassen von Krimis aufgestellt. Eine davon besagt, daß nur ein Mord eine Rechtfertigung dafür sei, dem Leser die aufwendige Lektüre eines Romans zuzumuten. Jürgen Lodemann sagte einmal, daß ein Roman ohne Mord kein Roman sei.

Melancholie. Doch noch weitere Nahtstellen[237] lassen sich zwischen Melancholie und Kriminalromanen erspüren. So konfrontieren die Krimis in der Tradition der »mystery story« den Leser mit dem Obskuren, dem Fremden, Anderen. Auch dabei bieten sich Angriffsflächen für die Melancholie wie auch für die philosophische Reflexion. Eingangs des Kapitels wurde der Detektiv als eine Figur gekennzeichnet, bei der es in der Hauptsache um Erkenntnisprobleme geht. Ein Spezifikum des Kriminalromans ist seine Beziehung zur Logik. Krimis sind häufig, heute nicht mehr so sehr wie früher, als Denkspiele, Rätsel, Logeleien angelegt. Wieweit es dabei wirklich um Logik geht, sei dahingestellt beziehungsweise in bezug auf Sherlock Holmes etwas später erläutert. Zumindest aber muß man eingestehen, daß eine Reihe von Krimis sehr scharfsinnig und stringent ihren Handlungsfaden aufrollen. Diese Stringenz ist bei anderen Romanformen kein Muß. Manchmal zeichnen sich Romane anderer Gattungen gerade dadurch aus, daß sie widersprüchlich und von Brechungen durchzogen sind. Ein Krimi wäre bei solch einem Vorgehen, jedenfalls wenn er sich dabei ertappen ließe, bei der Leserschaft diskreditiert.

Die Frage nach der Logik wurde in bezug auf Sherlock Holmes häufig erörtert, und zwar in Zusammenhang mit den Theorien des amerikanischen Philosophen und Begründers des Pragmatismus, Charles Sanders Peirce (1839– 1914). Auch wenn Doyle die Schriften von Peirce wahrscheinlich nicht kannte, wird Holmes doch als eine Personifizierung der Peirceschen Theorien angesehen, als ein Mann, der die Theorien von Peirce umgesetzt und ins Leben getragen hat. Bei den vielen detaillierten Untersuchungen über die Verbindungen zwischen Holmes und Peirce[238] wird das Bindeglied gemeinhin in der

237   Ich zähle hier nur ein paar dieser Nahtstellen auf, ohne sie zu präzisieren. Eine eingehendere Untersuchung müßte natürlich unterscheiden zwischen der Melancholie in einem Roman und der Melancholie, die bei der Lektüre des Romans entsteht. Und sicher gibt es auch dabei Überschneidungen: Da der Leser sich mit dem Detektiv identifiziert, erlebt er dessen Melancholie mit.
238   Diese Untersuchungen sind zusammengefaßt worden in dem Band: Umberto Eco, Thomas A. Sebeok (Hg.): *Der Zirkel oder Im Zeichen der Drei. Dupin, Holmes, Peirce* München 1985

wissenschaftlichen Methode gesehen, die Peirce propagierte und Holmes praktizierte: die Abduktion. Und an sie sollte gedacht werden, wenn Holmes von Deduktion spricht.

Die Abduktion ist eine weitere Methode des syllogistischen Schließens neben der Deduktion und der Induktion.[239] Sie ist im Grunde keine Erfindung von Peirce, sondern sie ist schon bei Aristoteles unter dem Stichwort ›apagoge‹, lat. ›abductio‹, zu finden. Die Abduktion ist der logische Schluß von dem Resultat und der Regel, vom Ergebnis und dem Gesetz auf den Fall. Peirce sprach auch von ›hypothesis‹, da die Abduktion eine Hypothese mache. Deduktion ist für Peirce analytisch, Induktion und Abduktion sind dagegen synthetisch, also Erkenntnis erweiternd, jedoch bewegen sie sich im Rahmen der Wahrscheinlichkeit.

An einem Beispiel[240] exerziert Peirce die Abduktion durch. Man stelle sich vor, auf einem Tisch liegt ein Säckchen mit Bohnen, und es ist bekannt, daß alle Bohnen in diesem Säckchen weiß sind. Neben dem Säckchen finden wir nun eine Handvoll weißer Bohnen. So ziehen wir den – abduktiven – Schluß, diese Bohnen entstammen dem Säckchen. Letztlich ist das eine reine Vermutung, die Bohnen könnten ja schließlich aus einem ganz anderen Behältnis stammen und nur rein zufällig neben unserem Säckchen liegen oder weil uns jemand foppen und zu einem voreiligen Schluß verführen will. Aber trotzdem: Dieser abduk-

---

239 Bei der Induktion wird vom Besonderen aufs Allgemeine geschlossen, bei der Deduktion umgekehrt vom Allgemeinen aufs Besondere.

240 Das Beispiel sieht für die drei syllogistischen Schlußformen folgendermaßen aus:
DEDUKTION *Gesetz*: Alle Bohnen aus diesem Sack sind weiß. *Fall*: Diese Bohnen sind aus diesem Sack. *Ergebnis*: Diese Bohnen sind weiß.
INDUKTION *Fall*: Diese Bohnen sind aus diesem Sack. *Ergebnis*: Diese Bohnen sind weiß. *Gesetz*: Alle Bohnen aus diesem Sack sind weiß.
ABDUKTION *Gesetz*: Alle Bohnen aus diesem Sack sind weiß. *Ergebnis*: Diese Bohnen sind weiß. *Fall*: Diese Bohnen sind aus diesem Sack.
Dieses Beispiel diskutiert Peirce ausführlich in dem Artikel *Deduktion, Induktion und Hypothese* (abgedruckt in den *Collected Papers* 2.619 – 2.644 und auf Deutsch in: Charles S. Peirce: *Schriften zum Pragmatismus und Pragmatizismus* Frankfurt a. M. 1976 [2]. S.229–250). Ich übernehme die Zusammenfassung aus Thomas Sebeok: *One, Two, Three ... Spells Liberty* In: Eco, Sebeok (Hg.) a. a. O., S.25

tive Schluß hat eine gewisse Plausibilität, er rekurriert auf die naheliegendste Lösung. Und genau das tut Sherlock Holmes. Als Holmes und Watson sich das erste Mal in London begegnen, verblüfft jener den wackeren Doktor, der wenige Wochen zuvor aus dem zweiten Afghanistan-Krieg zurückgekehrt war, gleich bei der Begrüßung mit den Worten: »Sie sind in Afghanistan gewesen, wie ich sehe.«[241] Später einmal klärt Holmes Watson darüber auf, wie er zu dieser Erkenntnis hatte kommen können, obgleich er doch von seinem Gegenüber bis dato nichts wußte oder gehört hatte. »Ich *wußte*, daß Sie aus Afghanistan gekommen waren. Aus langer Gewohnheit ist der Denkvorgang in mir so schnell abgelaufen, daß ich zu der Schlußfolgerung gelangt bin, ohne mir der Zwischenschritte bewußt zu sein. Der Denkprozeß lief folgendermaßen ab: ›Hier ist ein Gentleman der medizinischen Sparte, aber mit der Haltung eines Soldaten. Also offenbar ein Arzt der Armee. Er ist kürzlich aus den Tropen gekommen, denn sein Gesicht ist dunkel, und das ist nicht seine normale Hautfarbe, seine Handgelenke sind nämlich hell. Er hat Mühsal und Krankheit durchgestanden, wie sein abgezehrtes Gesicht verrät. Sein linker Arm ist verletzt worden. Er hält ihn unnatürlich steif. Wo in den Tropen könnte ein englischer Armeearzt viel Mühsal erlebt haben und am Arm verwundet worden sein? Natürlich in Afghanistan.‹ Der ganze Denkvorgang hat nicht einmal eine Sekunde gedauert. Ich habe dann bemerkt, Sie kämen aus Afghanistan, und Sie waren verblüfft.«[242] Was Holmes als eine Kette strenger logischer Schlüsse ausgibt, ist in Wahrheit nichts anderes als die Aneinanderreihung naheliegender Annahmen und Vermutungen. Genausogut hätte Watson seine militärische Körperhaltung einer strengen Erziehung, die Gesichtsbräune einem Aufenthalt in den Alpen und die Schulterverletzung einem Sturz vom Pferd beim Polo-Spielen verdanken können.

Auf ähnlichen Verkettungen naheliegender Annahmen gründet Holmes' Ruf als Detektiv. Die Verblüffung seiner Mitmen-

---

241 Arthur Conan Doyle: *Eine Studie in Scharlachrot* Zürich 1984. S.14
242 Doyle, a.a.O., S.28

schen kommt dadurch zustande, daß er immer nur das Schluß-glied dieser Kette preisgibt, nicht aber diejenigen Glieder, die ihm vorgeordnet sind. Wenn Holmes dann gefragt wird, wie er denn das Ergebnis habe erraten können, weist er empört zu-rück:»Raten ist eine abscheuliche Angewohnheit; es zerstört die Fähigkeit, logisch zu denken.«[243] Daß Holmes, wie er be-hauptet, nie rät, stimmt und stimmt nicht. Auf der einen Seite, im umgangssprachlichen Sinne rät Holmes wirklich nie, es mu-tet seine Mitmenschen nur deshalb so an, weil er ihnen lediglich das Ergebnis seiner Schlußfolgerungen mitteilt, nicht aber all die Zwischenschritte, die er benötigte, um dorthin zu gelangen. Auf der anderen Seite rät Holmes jedoch immer! Warum das so ist, läßt sich an einem einfachen Beispiel, an einem Vorläufer von Holmes, nämlich dem Zadig von Voltaire verdeutlichen. Zadig gelang eine detaillierte Beschreibung eines Pferdes, das er nie gesehen hatte. Er legte seine Schlußfolgerungen offen:»So vernehmt, daß ich beim Spaziergang auf den Wegen in besag-tem Wald die Abdrücke von Hufeisen bemerkt habe, die alle gleich weit voneinander entfernt waren. ›Sieh mal einer an‹, sagte ich mir, ›ein Pferd mit einem makellosen Galopp.‹ Auf ei-nem schmalen, nur sieben Fuß breiten Weg war links und rechts jeweils dreieinhalb Fuß von der Mitte des Weges der Staub vom Laub der Bäume gewischt. ›Dieses Pferd‹, sagte ich zu mir, ›hat einen Schweif von dreieinhalb Fuß, mit dem es beim Wedeln links und rechts diesen Staub weggefegt hat.‹ Unter den Bäu-men, die ein fünf Fuß hohes Laubgewölbe bildeten, fand ich frisch herabgefallene Blätter und wußte also, daß dieses Pferd sie gestreift hatte und demnach fünf Fuß hoch war. Sein Zaum-zeug aber mußte aus dreiundzwanzigkarätigem Gold sein, denn das Pferd hatte die Buckel an einem Stein gescheuert, den ich als Probierstein erkannte und daraufhin untersucht habe. Und aus den Spuren seiner Hufeisen an einer anderen Art von Kie-selsteinen schloß ich, daß es mit elflötigem Silber beschlagen war.«[244]

243   Arthur Conan Doyle: *Das Zeichen der Vier* Zürich 1988. S.15

Sind Zadigs Schlußfolgerungen, derer sich auch ein Sherlock Holmes nicht zu schämen bräuchte, logisch? Sie haben sicher etwas Zwingendes, Überzeugendes. Aber für eine Reihe der Phänomene könnte man sich abweichende Erklärungen denken. Vielleicht wurde der Staub von den Blättern auf ganz andere Weise heruntergewischt, durch tieffliegende Vögel, den Wind oder was auch immer? Vielleicht ist ein anderes Tier vor dem Pferd den Pfad entlanggekommen und hat die Blätter herabfallen lassen? Und möglicherweise sind die Spuren an den Steinen durch ein anderes Roß hervorgerufen worden? Wie dem auch sei, Zadigs Erklärungen erscheinen schlüssig und sind die wohl naheliegendsten.

Die Zadig-Methode wurde im 19. Jahrhundert aufgenommen und als »konjekturale Wissenschaft« bezeichnet; in einem Essay des Zoologen und Darwinforschers Thomas H. Huxley ist die Rede von »retrospektiver Prophezeihung als Funktion der Wissenschaft«[245] (und Peirce setzt als Synonym für ›abduction‹ nicht nur ›hypothesis‹, sondern auch ›retroduction‹). Nun kommen wir von den Krimis auf einmal zur Wissenschafts- und Erkenntnistheorie. Und könnten einen kleinen philosophiegeschichtlichen Exkurs einfügen, der einen Bogen von Nikolaus von Kues bis hin zu Karl R. Popper spannte und sich mit Konjekturen beschäftigte.[246] Aber das würde den Rahmen sprengen und die Geduld meiner melancholie-sehnsüchtigen Leser überstrapazieren. Zusammengefaßt läßt sich sagen: Eine »konjekturale Wissenschaft«, wie sie in der Adaption der Zadig-Methode postuliert wurde, geht davon aus, daß alles menschliche

---

244 Voltaire: *Zadig oder Das Schicksal* In: *Sämtliche Romane und Erzählungen* München 1971. S.14f. Für den, der in der Rätselecke die Rubrik *Original und Fälschung* mag, ist nun klar, woher Umberto Eco jene Szene aus *Der Name der Rose* hat, in der William von Baskerville bei der Ankunft an der Abtei das entlaufene Pferd Brunellus so präzise beschreibt, ohne es je gesehen zu haben. Insgesamt spielt Ecos Detektiv selbstredend auf Sherlock Holmes an (eines seiner gefährlichsten Abenteuer erlebte Holmes mit dem *Hund von Baskervilles*), zudem wohl auch auf den Franziskaner und Philosophen Wilhelm von Ockham.
245 vgl. Michael Shepherd: *Sherlock Holmes und der Fall Sigmund Freud* Rheda-Wiedenbrück 1986. S.31f
246 vgl. den Artikel *Konjekturalsätze* In: Joachim Ritter, Karlfried Gründer (Hg.): *Historisches Wörterbuch der Philosophie* Bd.4. Basel 1976. Sp.960–966

Wissen Vermutungswissen und letztlich nicht endgültig und absolut beweisbar ist. Es geht also um Mut-Maßungen, um Vermutungswissen, um Hypothesenbildung, um Annahmen. Sollte es noch verwundern, daß der Brückenschlag zur Abduktion gelingt? Charles Sanders Peirce hat geschrieben:»Doch müssen wir die Welt durch Raten erobern oder gar nicht.«[247] Holmes sagte:»Nein, nein, ich rate nie!«[248] Ich behaupte: Holmes rät immer, aber nicht in einem umgangssprachlichen, sondern einem tieferliegenden Sinne – er praktiziert das, was ich ›gelungenes, gekonntes Raten‹ nennen möchte. Er pickt sich die Annahmen heraus, die am wahrscheinlichsten sind, die die größte Erklärungskraft haben, er arbeitet also auf Vermutungswissen hin, er geht abduktiv vor. Sollte dieses Vorgehen gar ein Grundmodell für Wissenschaft schlechthin sein? Zumindest könnte diese Methode immer dann in Kraft treten, wenn etwas Neues entdeckt wird, eine neue Sichtweise eröffnet wird.[249] Nur was soll das alles um Himmels willen mit Melancholie zu tun haben? Es ist dick aufgetragen, aber warum nicht: Die Abduktion ist die Logik der Melancholie. Oder etwas weniger stark formuliert: Die der Melancholie angemessene Denkmethode ist die Abduktion. Wie das? Nun, Holmes ist, wie wir gesehen haben, ein Melancholiker. Und ihm, dem Detektiv geht es um Erkenntnisse, wenn auch nicht, wie dem Philosophen, um die Reflexion der Erkenntnis selbst. Holmes Vorgehensweise ist eine Methode, die schon von ihrer Grundstruktur her berücksichtigt und voraussetzt, daß uns letzte Erkenntnisse nicht möglich sind. Aber genau diese Einsicht, daß letzte Erkenntnisse dem Menschen offenbar unerreichbar bleiben, kann nicht nur einen Sherlock Holmes, der so sehr der Kraft des Geistes

247 Charles S. Peirce: *Manuscripts*, 692. Zitiert nach: Thomas A. Sebeok, Jean Umiker-Sebeok: *»Sie kennen ja meine Methode.« Ein Vergleich von Charles S. Peirce und Sherlock Holmes* In: Eco, Sebeok (Hg.), a. a. O., S.28
248 Doyle, a. a. O., S.15
249 Umberto Eco schreibt über die Abduktion:»(...) nichts garantiert mir die Richtigkeit meiner Hypothese. Dennoch ist genau dies das Procedere bei vielen großen wissenschaftlichen Entdeckungen.« In: *Über Spiegel und andere Phänomene* München, Wien 1988. S.209

und der Vernunft vertraute, sondern überhaupt jeden Intellektuellen traurig und melancholisch stimmen. Wenn er sich auf eine bestimmte Art und Weise zu dieser Trauer ins Verhältnis setzt, wird die Melancholie zur Haltung.

V
MELANCHOLIE ALS HALTUNG

Um zu erklären, was unter der Melancholie als einer Haltung verstanden werden könnte, ist das Vorgehen ähnlich der Annäherung an die Melancholie insgesamt ein Einkreisen und Umkreisen der Sache. Zuerst einmal sollte ich wohl sagen, was ich unter einer Haltung verstehe. Eine Haltung ist nichts, was einen unvermittelt überkäme. Sie basiert gewissermaßen auf einer Entscheidung, die der Mensch fällt. Er fällt sie aufgrund von Erfahrungen, die er in seinem Leben gemacht hat – und so kann die Entscheidung für eine Haltung eine gewisse Zwangsläufigkeit bekommen –, und er fällt sie aufgrund der Überzeugungen, die er sich angeeignet hat. Eine Haltung wäre somit ein Sich-Verhalten-zur-Welt, das nicht rein zufällig entsteht, sondern mehr bewußt denn unbewußt.

Die Melancholie kann sicher nicht nur auf eine Weise zur Haltung werden. Eine Unterscheidung zwischen einer künstlerischen Variante und einer philosophischen wäre möglich. Als Vertreter der ersteren ließen sich beispielsweise Schriftsteller wie Kurt Tucholsky oder Erich Kästner anführen. Die Struktur ihrer Melancholie ist eine der philosophischen gleichsam vorgelagerte Variante. So möchte ich mich auf eine Erörterung der philosophischen Melancholie als Haltung beschränken. Sie stelle ich mir als eine heitere, gelassene Form der Melancholie vor.

Die heitere Melancholie ist gleichsam die melancholische Überwindung derjenigen Melancholie-Formen, die bloß zu einer Lähmung der gesamten Persönlichkeit führen. Die heitere Melancholie kommt nicht über einen, sie wird nicht erlitten, sie ist vielmehr eine Haltung, ein Sich-Verhalten-zur-Welt. Erlitten werden gewisse dumpfe, bedrückende, bittere Formen der Melancholie, in denen der Melancholiker sich wie in einem Nebel eingehüllt und von der Welt abgeschlossen fühlt. Nichts dringt mehr durch diesen Nebel, nichts lichtet ihn. Dabei könnte vielleicht das Licht der Erkenntnis aus diesem Zustand führen. Der heitere Melancholiker indes steckt in einer grundlegend anderen Situation, in einem anderen Nebel. Er hat nämlich erkannt, wie diffus das Licht der Erkenntnis ist, in welche Nebel es einen leitet.[250] Diese Erkenntnis stimmt ihn melancholisch, an ihr leidet er. Aber dieses Leiden läßt sich nur ertragen, indem man es bejaht, indem man die zarte Ironie dieser Situation akzeptiert. Und diese Ironie hat etwas Heiteres an sich, sie macht gelassen und bescheiden.

Dies bedarf selbstverständlich einiger Erläuterungen. Wie ich mit meinen Ausführungen im vorigen Kapitel über Sherlock Holmes und die Abduktion darzulegen versuchte, läßt sich eine Beziehung zwischen Melancholie und Erkenntnis herstellen. Und in dieser Beziehung kommt man der heiteren, gelassenen Melancholie auf die Spur:

Immer wieder wurde behauptet, die Melancholie sei oder wirke anti-aufklärerisch. Die Frage muß gestellt werden, ob Melancholie nicht gerade die Gestimmtheit des Aufklärers ist, jedenfalls des philosophischen Aufklärers. Bei allem Dreinschlagen auf die ach so bourgeoise Melancholie sollte nicht vergessen werden, welchen Stellenwert der Aufklärer Kant ihr zumaß.[251] Tat er das vielleicht deshalb, weil seine Aufklärung in der Vernunftkritik bestand? Führt die Vernunftkritik nicht an einen Punkt, an dem die Grenzen des Erkenntnisvermögens sichtbar werden? Nein, nein, ich leugne nicht, daß unser Denken und Forschen Fortschritte gemacht hat, was sich im Konkreten augenfällig und bei aller berechtigten Technikkritik und

250 Dem Londoner Nebel, der in Sherlock Holmes' Abenteuern für Unheimlichkeit steht, könnte, so verstanden, vielleicht eine tieferliegende Metaphorik zugesprochen werden, er könnte nämlich jenen Nebel der Erkenntnis und das »Benebelt-sein« der Menschen im obigen Sinne symbolisieren. In der Baker Street 221b, der Wohnung von Holmes und Watson, ist das Licht. Doch auch dort wird gelitten – Kokain ist der Trostspender gegen die Trauer ob der Unmöglichkeit der Aufklärung an sich. Die Fälle, die Holmes angeht, sind seine Therapie; Holmes' »Nebel-Lichten« bei den Menschen, die nicht über sein Erkenntnisvermögen verfügen, ist seine Flucht vor dem »letzten Nebel«.
251 vgl. Kapitel I. Über Probleme mit einem Begriff

-skepsis gerade in den Erleichterungen beweist, die durch den technischen Fortschritt für den Menschen geschaffen wurden.[252] Doch was ist mit der Philosophie, was ist mit der Erkenntnis, was das Erkennen ihrer selbst betrifft? Hat man nicht merken müssen, auf welch tönernen Füßen unsere Theorien *letztlich* stehen? Es gibt sicher auch einen Fortschritt in der Philosophie, einige Probleme konnten im Verlauf ihrer Geschichte gelöst werden. Obschon diverse Randbedingungen besser erforscht worden sein mögen, bleiben die Grundfragen der Philosophie, und zwar letztlich unbeantwortet. Die Philosophiegeschichte könnte gelesen werden als ein fortwährendes Mißlingen von Letztbegründungen. Folgt man dem Pfade der Aufklärung, so kommt man an ihre Grenzen, die in der Erkenntnis der Unmöglichkeit von Letztbegründungen bestehen[253], in der Erkenntnis, daß all unser Wissen, daß all unsere Theorien vorläufig sind, fragmentarisch, bestenfalls Wahrheitsannäherungen[254]. Und vielleicht liegt darin der tiefere Grund für Kants Hochachtung der Melancholie. Ihre philosophische Variante ist die Gestimmtheit, die sich fast zwangsläufig beim Vorstoß an die Grenze des Erkenntnisvermögens einstellt. Um ein Wittgenstein-Wort abzuwandeln: Auch ein Anrennen gegen diese Grenzen verursacht Beulen. Aber solche Beulen haben sehr wohl ihren Wert.

Die Aufklärung selbst erzeugt also letzten Endes die Melancholie. Ist es dann nicht eigentlich verwunderlich, daß viele im Namen der Aufklärung gegen die Melancholie stritten, für die

252 Es war für mich angenehm, dieses Buch mit dem Computer und nicht von Hand zu schreiben. Im letzteren Fall wäre es wegen der Unleserlichkeit des Manuskriptes wohl nie veröffentlicht worden. Ich gebe allerdings zu: Gerade das mag für manchen Kritiker gegen den Computer sprechen.
253 Was niemanden davon abhalten soll, sich weiterhin darin zu versuchen (zum Beispiel à la Vittorio Hösle, dessen Unbeirrtheit und Eifer insofern Respekt verdient).
254 Dieses Wort geht auf Popper zurück; die Problematik liegt bekanntlich darin, daß man, will man sich irgendwem oder irgendwas auch nur annähern, bereits eine letzte Setzung macht. Popper hat denn auch nie geleugnet, ein »metaphysischer Realist« zu sein (vgl. Karl R. Popper: *Objektive Erkenntnis. Ein evolutionärer Entwurf* Hamburg 1984 [4]. S.40, 212, 336; und schon in: *Logik der Forschung* Tübingen 1984 [8]. S.199f).

sie »falsche Vernunft« oder »falsches Bewußtsein« darstellte?[255]
Der Grund dieser Auseinandersetzung läge für einen Psychologen vielleicht darin, daß diese Aufklärer gegen etwas zu Felde zogen, das in ihnen selbst saß. Und ihr Streiten gälte ihm als Beweis für diesen Gedanken. Aber diese hermetischen Begründungen mancher Psychologen oder zirkelschluß-verliebter Psychoanalytiker muß man ja nicht unbedingt mitmachen.

Der Vorwurf, die Melancholie führe zu Resignation, Passivität und Engagementlosigkeit, ist dem Vorwurf des Irrationalismus an diejenigen Aufklärer ähnlich, die die Aufklärung in all ihren Konsequenzen weiterzudenken versuchten. Friedrich Nietzsche beispielsweise ist kein Irrationalist, sondern er steht in der Tradition der Aufklärung. Der heitere Melancholiker ist der aufgeklärte Aufklärer, der im Sinne Nietzsches (oder auch Poppers[256]) erkannt hat, wie sehr unser Erkenntnisvermögen sich in den Grenzen der Rationalität erschöpft.

Wie ist es um die Grenze der Erkenntnis bestellt, was hat sie mit der Melancholie zu tun? Die Grenze ist nichts scharf Umrissenes, Greifbares, sie ist diffus. Diese Diffusität als Strukturmerkmal ist der Struktur der Melancholie verwandt, in diesem Punkt treffen sie sich. Im Barock war im Deutschen das Verb ›melancholieren‹ geläufig.[257] Daran angelehnt könnte man sagen, die Diffusität ›melancholiert‹, sie stimmt melancholisch. Und dies träfe dann auch auf die Grenze der Erkenntnis und der Vernunft zu. ›Melancholiert‹ die Grenze der Vernunft denn zwangsläufig? Es sei nicht verleugnet, daß es andere Antworten als die meine gibt. Interessant ist, daß Joachim Ritter an der Grenze zur Vernunft das Komische walten sieht.[258]

Nochmals zu den Letztbegründungen: Brauchen wir sie, um

255 vgl. Hans-Jürgen Schings: *Melancholie und Aufklärung. Melancholiker und ihre Kritiker in Erfahrungsseelenkunde und Literatur des 18. Jahrhunderts* Stuttgart 1977
256 Die Spuren von Nietzsches Denken im Werke Poppers wären eine Untersuchung wert.
257 vgl. Klibansky, Panofsky, Saxl, a. a. O., S.322, Fußnote Nr.9
258 vgl. Joachim Ritter: *Über das Lachen* In: *Blätter für deutsche Philosophie* Heft 14. Berlin 1940. Zudem vgl. den Artikel *Humor* In: Joachim Ritter, Karlfried Gründer (Hg.): *Historisches Wörterbuch der Philosophie* Bd.3. Basel, Stuttgart 1974. Sp.1232–1234

leben zu können? Diese Frage mündet in der Gelassenheit. Damit die äußeren Lebensvollzüge funktionieren, brauchen wir Letztbegründungen sicher nicht. (Bräuchten wir sie dazu, hätte die Evolution dem Experiment Mensch schon längst ein Ende bereitet.) Aber das Funktionieren der äußerlichen Lebensvollzüge ist, und das fühlt wohl jeder Mensch einmal, nicht alles. Wie steht es mit dem, was darüber hinaus geht? Brauchen wir dazu Letztbegründungen? Ja und nein. Wir ringen um sie, weil wir uns nach ihnen sehnen. Wir hielten gern den Stein der Weisen in Händen, begriffen nur allzu gern die Welt und das Sein in ihren tiefsten Gründen. Und doch spüren wir, daß dieses Sehnen nie zu einem Ende kommt, nie zu einem Ende kommen kann (das wäre unser Ende). Darin mag vielleicht einer der tiefen grundlegenden Widersprüche für die denkende Existenz liegen. Und der Anlaß für eine philosophische Melancholie. Will man mit diesem Widerspruch leben lernen, ihn aushalten, so geht das wohl nur in einer melancholisch-heiteren Gelassenheit, die an dem Prozessualen dieses Widerspruches Gefallen findet. Was sich auch schlagwortartig mit Hilfe eines Paradoxons ausdrücken läßt: Wer gelernt hat, daß der Weg und nicht das Ziel entscheidend ist, kann auf der Suche nach Letztbegründungen und absoluter Wahrheit ganz gut ohne sie leben.

Wohlgemerkt: das ist gerade kein Verzicht auf Erkenntnis, sondern eine Ermunterung, ihrem steinigen Pfad zu folgen – in dem Bewußtsein, ihn nie zu Ende gehen zu können. Dieses Bewußtsein entspräche der Geisteshaltung der Gelassenheit. Die Melancholie liegt darin, sich den Verzicht auf Absolutes zuzumuten, ihn zu akzeptieren; dabei bleibt Wehmut eben nicht aus. Die Einsicht, daß unserem Erkenntnisvermögen Grenzen gesetzt sind, ist ein guter Grund, wehmütig zu sein. Es drängt sich Sisyphos als Metapher auf, und vielleicht wäre auf diesem Hintergrund ein weiterer Pinselstrich zu Camus' Bild dieses Mythos zu ziehen.[259]
Gelassenheit darf nicht mit Engagementlosigkeit verwech-

259 »Wir müssen uns *Sisyphos* als einen glücklichen Menschen vorstellen.« Albert Camus: *Der Mythos von Sisyphos. Ein Versuch über das Absurde* Reinbek bei Hamburg 1991, S.101

selt werden. Gelassen demgegenüber zu bleiben, daß letzte Wahrheiten unerreichbar bleiben oder daß wir – um es mit Popper präziser zu sagen – nie sicher sein können, in deren Besitz zu sein, das heißt nicht, nicht mehr zu handeln. Es heißt, dann und dort zu handeln, wo es möglich ist, wo es Sinn macht. Es heißt: angemessen handeln. Dieser Gedanke ist natürlich nichts Neues, sondern bereits in der Antike eines der großen, zentralen Themen der Ethik. Aristoteles' Handeln der Mitte[260], der Stoiker Suche nach Gleich-Gültigkeit, auch Sokrates'»Ich weiß, daß ich nichts weiß« sind Ausgangspunkte, die zu ähnlichen Überlegungen führen.

Wie ist die Gelassenheit mit der heiteren Melancholie verwoben? Eine»Unterabteilung« der Gelassenheit ist die Ironie, und wiederum eine»Unterabteilung« der Ironie ist die Selbstironie. Wie sollte man sich furchtbar ernst nehmen, wenn man um die Fehlbarkeit seines Denkens weiß? Der Umgang mit der Theorie wird spielerischer, offener. In dieser Offenheit hat aber nicht nur die Traurigkeit Raum, Ironie und Heiterkeit finden ihren Platz. Die Melancholie als Haltung zeigt sich als eine heitere Melancholie. Karl Jaspers wies zu Recht auf die Gefahr hin, daß eine Haltung, wenn sie verabsolutiert wird,»starr und tot« macht.[261] Das trifft sicherlich auf die bittere Melancholie zu, sollte sie zu einer Haltung werden. Die heitere Melancholie scheint dagegen gefeit zu sein, ist sie doch in ihrer Struktur offen, ein Sich-nicht-Festlegen.

Die Gelassenheit ist keine Position der kalten Teilnahmslosigkeit und Arroganz, eher im Gegenteil. Sie kann zu einer intellektuellen Bescheidenheit und Redlichkeit führen. Bescheidenheit meint nicht, das Wagnis des Denkens aus Mutlosigkeit erst gar nicht mehr einzugehen. Bescheidenheit gegenüber den Früchten des Denken ist gemeint.

260 vgl. Kapitel III.4. Melancholie als Genialität. Die Melancholie als Haltung wäre – ganz im aristotelischen Sinne – eine Position der Mitte, und zwar der Mitte zwischen abgrundtiefer Verzweiflung einerseits, die zur Handlungshemmung führt, und einem blinden Optimismus andererseits, der in seinen Handlungen letztlich an den Größenwahn grenzt.
261 Karl Jaspers: *Philosophie* Bd.II. Berlin, Heidelberg, New York 1973 (4). S.413

Der Terminus ›Gelassenheit‹ wurde von wichtigen Philosophen untersucht, meines Wissens bisher jedoch nicht in Verbindung mit Melancholie gebracht. Zwei Gedankengänge dieses Jahrhunderts möchte ich vorstellen, da sie meine Überlegungen trotz der Unterschiede berühren.

Ausgehend von traditionellen Bestimmungen der Gelassenheit als eine gelassene Haltung gegenüber den weltlichen Dingen gibt Wilhelm Weischedel ihr in seinem Buch *Philosophische Grenzgänge* einen religiösen Inhalt, indem er sie mit dem »Geheimnis der Wirklichkeit« in Verbindung setzt.[262] Weischedel summiert: »Gesetzt, es komme für den Menschen nicht nur darauf an, sich in den weltlichen Dingen und Geschehnissen herumzutreiben; gesetzt, es sei ihm aufgegeben, den Rätseln der Wirklichkeit nachzuspüren – wie kann er das anders als so, daß er die Verstrickung in die Wirklichkeit verläßt, daß er von sich selber in seinen Leidenschaften und Interessen abläßt und daß er sich dem Geheimnis überläßt? So wird er der wahrhaft Gelassene. Solch verlassende, ablassende und sich überlassende Gelassenheit aber ist vom Wesen her Dank: an das Unbekannte nämlich, das den Menschen gelassen sein läßt.«[263] Zu Weischedels Gedanken können von meinen aus Brücken geschlagen werden, wenngleich unter den Brücken Trennendes weiterhin fließen mag. Die Gelassenheit, die ich als eine – nicht zwingende, aber mögliche – Konsequenz aus der Melancholie als Haltung hervorgehen sehe, ist nicht in erster Linie eine Gelassenheit im Alltag, auch wenn diese ohne Zweifel erstrebenswert ist und vielleicht Hand in Hand mit der von mir gemeinten Gelassenheit einhergehen mag. Gelassenheit wird von mir verstanden als eine Tugend des erkennenden Subjekts, als Haltung des Philosophierenden gegenüber der Unsicherheit unserer Wahrheiten oder gegenüber dem, was Weischedel ›das Unbekannte‹ nennt.

Martin Heidegger bestimmt die Gelassenheit in bezug auf den Umgang mit der Technik. Mit den technischen Gegenstän-

262 vgl. Wilhelm Weischedel: *Philosophische Grenzgänge. Vorträge und Essays* Stuttgart 1967. S.111–115
263 Weischedel, a. a. O., S.115

den soll man, so schlägt er vor, so umgehen, daß man zu ihrer unumgänglichen Benützung ›ja‹ sagt, aber zugleich ›nein‹ dazu, daß sie uns beherrschen. »Ich möchte diese Haltung des gleichzeitigen Ja und Nein zur technischen Welt mit einem alten Wort nennen: *die Gelassenheit zu den Dingen*.«[264]

Zwischen Heideggers und meiner Interpretation der Gelassenheit gibt es eine gewisse Parallele. Heidegger bringt nämlich die Gelassenheit ganz ähnlich in Verbindung mit einer Grenzerfahrung, für die ich den Begriff der Diffusität einsetze und die er ›Geheimnis‹ nennt. Heidegger redet davon, daß sich der Sinn der technischen Welt verberge. »Achten wir nun aber eigens und stets darauf, daß uns überall in der technischen Welt ein verborgener Sinn anrührt, dann stehen wir sogleich im Bereich dessen, was sich uns verbirgt und zwar verbirgt, indem es auf uns zukommt. Was auf solche Weise sich zeigt und zugleich sich entzieht, ist der Grundzug dessen, was wir das Geheimnis nennen. Ich nenne die Haltung, kraft deren wir uns für den in der technischen Welt verborgenen Sinn offen halten: *die Offenheit für das Geheimnis.* Die Gelassenheit zu Dingen und die Offenheit für das Geheimnis gehören zusammen. Sie gewähren uns die Möglichkeit, uns auf eine ganz andere Weise in der Welt aufzuhalten.«[265] Heidegger vergißt dabei nicht, darauf hinzuweisen, daß eine Haltung wie die Gelassenheit und die Offenheit für das Geheimnis nur durch unablässiges Einüben des entsprechenden – im Grunde philosophischen – Denkens erworben werden kann. Damit rekurriert Heidegger auf Ansichten der Antike, die Philosophie als eine Übung auffaßten.[266]

Auch wenn es neben den angedeuteten Parallelen zwischen Heideggers und meiner Auffassung der Gelassenheit sicherlich grundsätzliche Unterschiede gibt, so will ich Heidegger – wiewohl sonst selten – darin gerne folgen, daß Gelassenheit erworben werden muß, und zwar durch geistige Übung, Konzentration und Willen. Das läßt sich ohne Zweifel übertragen auf die Gelassenheit, die ich mit ›Melancholie als Haltung‹ bezeichne.

264 Martin Heidegger: *Gelassenheit* Pfullingen 1989 (8). S.23
265 Heidegger, a. a. O., S.24
266 vgl. Pierre Hadot, a. a. O.

Literaturverzeichnis

In dieses Literaturverzeichnis wurden nur Titel aufgenommen,
deren Untersuchungsgegenstand die Melancholie ist. Es handelt sich dabei nicht um eine vollständige, sondern lediglich um
eine Auswahlbibliographie. Die Literaturangaben der in diesem Buch angeführten literarischen Beispiele sind den Fußno-
ten zu entnehmen.

Übergreifende Darstellungen

Pascal Bruckner: *Die demokratische Melancholie* Hamburg 1991

Robert Burton: *Anatomie der Melancholie. Über die Allgegenwart der Schwermut,
ihre Ursachen und Symptome sowie die Kunst, es mit ihr auszuhalten* Aus dem
Englischen übertragen und mit einem Nachwort versehen von Ulrich Horstmann. München 1991

ders.: *Die Anatomie der Melancholie. Ihr Wesen und Wirken, ihre Herkunft und
Heilung philosophisch, medizinisch, historisch offengelegt und seziert* Ausgewählt
und übertragen von Werner von Koppenfels. Mainz 1988

du – Die Zeitschrift für Kultur *›Melancholie – Momente eines Zeitgefühls‹ Heft
Nr.11, November 1988*

László F. Földényi: Melancholie München 1988

Romano Guardini: *Vom Sinn der Schwermut* Mainz 1983

Raymond Klibansky, Erwin Panofsky, Fritz Saxl: *Saturn und Melancholie. Studien zur Geschichte der Naturphilosophie und Medizin, der Religion und der Kunst*
Frankfurt am Main 1990

Dieter Lenzen (Hg.): *Melancholie als Lebensform. Über den Umgang mit kulturellen Verlusten* Berlin 1989

Wolf Lepenies: *Melancholie und Gesellschaft* Frankfurt am Main 1969 (Für
Herbst 1991 ist eine überarbeitete Neuauflage angekündigt worden)

Literatur, Kunst

Günter Bandmann: *Melancholie und Musik. Ikonographische Studien* Köln, Opladen 1960

Walter Benjamin: *Linke Melancholie. Zu Erich Kästners neuem Gedichtbuch* In: *Gesammelte Werke* Bd.III Frankfurt am Main 1972. S.279-283

ders.: *Ursprung des deutschen Trauerspiels* Frankfurt am Main 1978

Günter Blamberger: *Versuch über den deutschen Gegenwartsroman. Krisenbewußtsein und Neubegründung im Zeichen der Melancholie* Stuttgart 1985

Bettina Jaques-Bosch: *Kritik und Melancholie im Werk Max Frischs. Zur Entwicklung einer für die Schweizer Literatur typischen Dichotomie* Bern, Frankfurt am Main, Nancy, New York 1984

Dietrich von Engelhardt, Horst-Jürgen Gerigk, Guido Pressler, Wolfram Schmitt (Hg.): *Melancholie in Literatur und Kunst* Hürtgenwald 1990

Thomas Fraund: *Bewegung – Korrektur – Utopie. Studien zum Verhältnis von Melancholie und Ästhetik im Erzählwerk Thomas Bernhards* Frankfurt am Main, Bern, New York 1986

Günter Grass: *Vom Stillstand im Fortschritt. Variationen zu Albrecht Dürers Kupferstich ›Melencolia I‹* In: *Aus dem Tagebuch einer Schnecke* Frankfurt am Main 1989. S.285-308

Isabel Knautz: *Epische Schwärmerkuren: Johann Karl Wezels Romane gegen die Melancholie* Würzburg 1990

Bernhard-Arnold Kruse: *Apollinisch – Dionysisch. Moderne Melancholie und Unio Mystica* Frankfurt am Main 1987

Franz Loquai: *Künstler und Melancholie in der Romantik* Frankfurt am Main 1984

Gert Mattenklott: *Melancholie in der Dramatik des Sturm und Drang* Königstein/Taunus 1985

Rosemarie Puschmann: *Magisches Quadrat und Melancholie in Thomas Manns ›Doktor Faustus‹. Von der musikalischen Struktur zum semantischen Beziehungsnetz* Bielefeld 1983

Fritz J. Raddatz: *Revolte und Melancholie. Essays 3. Texte zur Literaturtheorie* Reinbek bei Hamburg 1990

Gabriele Ricke: *Schwarze Phantasie und trauriges Wissen. Beobachtungen über Melancholie und Denken im 18. Jahrhundert* Hildesheim 1981

Karol Sauerland (Hg.): *Melancholie und Enthusiasmus* Frankfurt am Main, Bern, New York, Paris 1988

Hans-Jürgen Schings: *Melancholie und Aufklärung. Melancholiker und ihre Kritiker in Erfahrungsseelenkunde und Literatur des 18. Jahrhunderts* Stuttgart 1977

Susan Sontag: *Im Zeichen des Saturn. Essays* Frankfurt am Main 1990 dies.: *Objekte der Melancholie* In: *Über Fotografie* Frankfurt am Main 1980

Ludwig Völker: *Muse Melancholie – Therapeutikum Poesie. Studien zum Melancholie-Problem in der deutschen Lyrik von Hölty bis Benn* München 1978

Helen Watanabe-O'Kelly: *Melancholie und die melancholische Landschaft. Ein Beitrag zur Geistesgeschichte des 17. Jahrhunderts* Bern 1978

Margot und Rudolf Wittkower: *Künstler – Außenseiter der Gesellschaft* Stuttgart 1989 (Titel der englischen Originalausgabe: *Born under Saturn*)

Medizin, Psychologie

Ludwig Binswanger: *Melancholie und Manie. Phänomenologische Studien* Pfullingen 1960

Sigmund Biran: *Melancholie und Todestrieb. Dynamische Psychologie der Melancholie* Basel 1961

Hellmut Flashar: *Melancholie und Melancholiker in den medizinischen Theorien der Antike* Berlin 1966

Johann Glatzel: *Melancholie und Wahnsinn. Beiträge zur Psychopathologie und ihren Grenzgebieten* Darmstadt 1990

Ole J. Rafaelsen, Hanfried Helmchen: *Depression, Melancholie, Manie. Ein Buch für Kranke und Angehörige* Stuttgart, New York 1982

Michael Schmidt-Degenhard: *Melancholie und Depression. Zur Problemgeschichte der depressiven Erkrankungen seit Beginn des 19. Jahrhunderts* Stuttgart, Berlin, Köln, Mainz 1983

Walter Schulte (Hg.): *Über das Wesen melancholischen Erlebens und die Möglichkeiten der Beeinflussung* Stuttgart 1965

Walter Schulte, Werner Mende (Hg.): *Melancholie in Forschung, Klinik und Behandlung* Stuttgart 1969

Hubertus Tellenbach: *Melancholie. Problemgeschichte, Endogenität, Typologie, Pathogenese, Klinik. Mit einem Exkurs in die manisch-melancholische Region* Berlin, Heidelberg, New York, Tokyo 1983

Anthologien

Joachim S. Hohmann (Hg.): *Melancholie. Ein deutsches Gefühl* Trier 1989

Jost Schilgen: *Melancholie* Dortmund 1987

Ludwig Völker (Hg.): *Komm, heilige Melancholie. Eine Anthologie deutscher Melancholie-Gedichte* Stuttgart 1983

Namensregister

GEISTESGEGENWART

PIERRE HADOT
Philosophie als Lebensform *Geistige Übungen in der Antike*

»Heute ist ›philosophische Praxis‹ zum Renner geworden, das Leben hält – als Thema – wieder Einzug in die Seminare, und das ›Ich-Sagen‹ des Philosophen steht auf der Tagesordnung. Hadots Sicht nimmt der antiken Philosophie viel von ihrer Musealität. Auf einmal sind es wir, die Modernen, die im Lichte des antiken Philosphierens blaß und anämisch wirken. Wer hat der Philosophie den Lebensfaden abgeschnitten?« *Ulrich Raulff* FAZ
Englische Broschur, 224 Seiten

MAURICE PINGUET
Der Freitod in Japan *Ein Kulturvergleich*

Nachdem der Freitod in der Antike noch als Privileg des Freien Bürgers galt, begann seit Platon die Irrfahrt des schlechten Gewissens. In Japan dagegen besteht das Problem nicht in der Legitimität, sondern in der Leichtigkeit des freiwilligen Todes. Die Gegenüberstellung zweier Kulturen erschließt eine wesentliche Dimension Japans und fordert zu einer neuen Betrachtungsweise abendländischer Geschichte auf.
»Pinguets theoretische Klarheit, seine Kunst, in wenigen Sätzen alle Hindernisse aus dem Weg zu räumen, machen aus dem Buch einen strategischen Punkt in der aktuellen Diskussion.« *Paul Veyne*
Aus dem Französischen von M. Ozaki, W. Fekel und B. v. d. Osten. Gebunden, 384 Seiten

JULIUS VON SCHLOSSER **Tote Blicke**
Die Geschichte der Portraitbildnerei in Wachs Ein Versuch

Die moderne Kunstgeschichte wäre ohne Julius v. Schlosser, den Begründer der Wiener Schule und Lehrer von Panofsky, Sedlmayr und Gombrich, nicht denkbar.
In diesem Werk beschreibt er die oftmals makaberen Herstellungsprozesse von Wachsportraits, angefangen bei den Totenmasken der Römer bis hin zu den Panoptika auf den Jahrmärkten der Gegenwart. Dabei entschlüsselt er anhand dieser Geschichte die Magie des Bildes und beschreibt den menschlichen Willen zum naturalistischen Abbild.
Mit einem Nachwort von Thomas Medicus.
Englische Broschur, 144 Seiten mit 50 Abbildungen

Neue Deutsche Literatur bei Gatza

Jan Peter Bremer
Einer der einzog das Leben zu ordnen *Roman*
Ein fesselnder Text über die Ordnung des Lebens und scheinbar über das Aufräumen. »Ein so lichtes Delirium, als hätte Kafka *Mary Poppins* geschrieben.« Bernd Skupin, VOGUE
Englische Broschur, 80 Seiten

Mattis Manzel
Zwei Seemänner sitzen in Barcelona und essen einen Albatros *Geschichten*
Ein tiefsinniger Exzentriker, der die Kraft des Unsinns und die Schliche des Sinnlichen kennt.
»Was Manzel von den Kreaturen zu berichten weiß, kleidet er in eine fröhlich-anarchische, mühelos lesbare Prosa.«
Norbert Hummelt, KÖLNER STADTANZEIGER
Englische Broschur, 128 Seiten

Wolfgang Hermann
Die Namen die Schatten die Tage
Ein Buch über die Liebe und ihre Gefährung; beunruhigende Schnitte durch eine Welt, die vorgibt, ihre Sprache gefunden zu haben.
»Diese Prosa besticht durch die Geschlossenheit ihrer Impressionen und durch die beständige Erweiterung unserer Augengrenzen.«
Rüdiger Görner, DIE PRESSE, Wien
Englische Broschur, 128 Seiten

Sabine Scholl
Fette Rosen *Erzählungen*
Fette Rosen sind Erinnerungen an die Herkunft, Versuche zu entkommen, die Vorgaben von Gesellschaft, Moral und Religion aufzubrechen. Das Debut der österreichischen Autorin ist ein atemraubender Balanceakt mit den Mitteln von Körper, Sprache und Musik. Ein genauer Blick und die präzise Sprache zerlegen auf bedrohliche Weise die Muster unserer Wahrnehmung.
Englische Broschur, 112 Seiten